अन्तर्यात्रा

अन्तर्यात्रा

रामकृष्ण पाण्डेय 'आमिल'

वाणी प्रकाशन का लोगो
विख्यात चित्रकार मकबूल फिदा हुसैन का
कूची से

ISBN : 81-8143-365-3

वाणी प्रकाशन
21-ए, दरियागंज, नयी दिल्ली-110002
द्वारा प्रकाशित

प्रथम संस्करण : 2005

मूल्य : 150.00

त्रिवेणी ऑफसेट, शाहदरा, दिल्ली-110032
में मुद्रित

ANTERYATRA
by Ramkrishan Pandey 'Aamil'

उन जीवन्त किरदारों
को
जिनका सौहार्द आत्मीयता
मुझ सरीखे
फ़क़ीर हक़ीर को भी
पथरीली डगर पर
इनसानियत की गरिमा
में.
लपेटे लिपटाये रहती है
प्रिय
अनूप शंकर एवं अंजू शंकर
को
सस्नेह

दो शब्द

जीवन, बोध से कभी अछूता नहीं रहता, इस बोध सृजन हेतु चैतन्य भाव थामे रहना इनसान की आवश्यकता भी है और मजबूरी भी...

कितना भी सरल जीवन हो, घटाटोप अँधेरा उसमें सेंधमारी करता है और कितना ही संघर्ष करने का हौसला हो, पराक्रम जमीन चूमता लगने लगता है।

जीवन के इस व्यामोह की परछाईं हर किसी पर कभी पूर्वार्द्ध और कभी उत्तरार्द्ध में सजीव हो उठती है, तब कभी लाचारी, कभी बेबसी, कभी आशायें...कभी निराशायें उसके शान्त जीवन सागर में उफान से ओतप्रोत लगने लगती है।

ऐसे में राह ढूँढ़े नहीं मिलती और किनारा लगता है पास आ-आ कर, दूर बहुत दूर होता जा रहा है।

कुछ अपने हालात की गर्दिश और कुछ गर्दिश दौराँ के मँडराते बादल जब सौजन्यता, सहृदयता और आत्मीयता की बौछार से सन्तप्त वेग को शीतल करते हैं तो बोध एक नई करवट, नई सोच और नई फिक्र के साथ क्षितिज पर अपनी पूर्ण प्रकाशयुक्त आभा से राह दिखा देता है...

यह बोध सार्वलौकिक और सार्वकालिक है...आप और मैं फिर हम सब, किसी न किसी रूप में इससे हमकिनार और प्रभावित देखे जा सकते हैं।

ज़ख़्म जब असहज होकर व्याप्त चेतना से जुड़ता है तो विचार खौलते हैं ...खौलने लगते हैं...तब...उन्हें थाम पाना कठिन होने लगता है।

खौलते विचारों को राह की दरकार होती है और मनुष्य ज्वालामुखी सदृश फूट न पड़े, इसलिए वह इन्हें कलम से कागज पर उकेर कर मन हल्का करने की चेष्टा करता है।

कर पाता है या नहीं...यह अलग बात है।

महत्त्वपूर्ण बात यह है कि वह इन स्थितियों से जूझता और लोहा लेते संघर्षशील रहता है।

यह कुछ पृष्ठ ऐसे ही संघर्षों की आईनादारी और नुमाइंदगी करते हैं जो हमारी, आपकी और उनकी जीवन्त जिन्दगी का एक हिस्सा हैं।

रामकृष्ण पाण्डेय 'आमिल'

अन्तर्यात्रा

एक

योगी महाराज का आश्रम, भव्यता के मापदण्ड पर शर्माने जैसी स्थिति का परिचायक था, नगरीय कोलाहल से बहुत दूर, विन्ध्य की उत्तुंग पहाड़ों की शृंखला की तलहटी में, आवागमन के साधन से वंचित, ऊबड़खाबड़ डगर की पद यात्रा या सायकिल का सहारा, एक्के-टाँगे वाले उस मार्ग पर जाने से कतराते थे या फिर उजरत अधिक माँगते जो सामान्य व्यक्ति के लिये सुभीते का सौदा न होता।

कच्ची मिट्टी की मोटी चौड़ी चारदीवारी से घिरा आश्रम, इस दीवार पर खपरैल की छाजन और कहीं-कहीं सरपत का छोटा छप्पर, जिससे बरसात में मिट्टी की दीवार न गिरे। मुख्य द्वार पर बाँस का बड़ा फाटक जो केवल प्रातः और संध्या में खुलता और शेष समय बन्द रहता, बहुत कम व्यक्ति उधर से होकर गुजरते या आश्रम में आते जाते।

मेरी पी.सी.एस. की परीक्षा समाप्त हों चुकी थी, परिणाम फल का इन्तजार था, एक-एक दिन काटे कट नहीं रहा था, घर परिवार की स्थिति विडम्बनीय नहीं तो शोचनीय अवश्य थी।

पिताजी पचहत्तर की आयु सीमा पार कर चुके थे, पेंशन और गाँव का छः बीघा खेत की बटाई से प्राप्त होने वाला अनाज, रोजी रोटी का सहारा थे।

एम.ए. कर लेने के बाद प्रतिष्ठा पूर्ण सरकारी पद प्राप्त करने की तीव्र इच्छा का भूत जो सवार हुआ तो सिर से उतरने का नाम ही न लेता, इसी कारण दूसरी नौकरी से कतराता रहा।

माँ बहुधा अस्वस्थ रहतीं, उनकी अभिलाषा थी कि किसी प्रकार मैं विवाह कर लूँ तो उन्हें चूल्हा चक्की से फुर्सत मिल जाए, परन्तु मेरा विचार इस गरीबी में एक और बोझ बढ़ाने का न था, इसी के चलते रिश्ता बन नहीं सका, नाते और रिश्तेदार तथा भाई पट्टीदार, मेरे इस स्वभाव के कारण भन्नाते और रूठते गए, अब कोई भूले से भी वैवाहिक सम्बन्ध के विचार से, हमारे घर का रुख न करता।

जब पढ़ता था तो दुष्यन्त से अन्तरंग मित्रता थी, वह एम.ए. तक साथ था, फिर अपनी स्थितियों और परिस्थितियों के कारण मेरी पढ़ाई छूट गई, उसने पी. एच.डी. की और विश्वविद्यालय में नियुक्त हो गया।

आज जब घर पहुँचा तो दुष्यन्त का पत्र मिला, लिखा था कि अगले महीने विवाह निश्चित है, निमन्त्रण पत्र तो जाएगा ही, यह अग्रिम सूचना इस दृष्टि से

भेजी जा रही है ताकि ऐन समय पर कोई बहाना न बना सको, विवाह में सम्मिलित होना बहुत आवश्यक है।

पत्र पढ़ा तो बदन सिहर गया, सोचा अजब कम्बख्त है, दाँत कटकटाने वाले जाड़े में विवाह कर रहा है, एक ऊनी चादर में जाड़ा काट देने की मेरी मजबूरी का इससे दयनीय उपहास और हो भी क्या सकता था, मैं अपनी साँस थामे सिर पकड़कर बैठ गया।

पिताजी की दृष्टि मुझ पर पड़ी और इस स्थिति में देखा तो पूछ बैठे, ''किसका पत्र है...सब ठीक तो है?''

''दुष्यन्त का पत्र है, दिसम्बर में उसका विवाह निश्चित है...नि...मंत्रण...से. ..पूर्व...सूचना भेजी है।

''अच्छा...अच्छा...''

कहकर पिताजी चुप हो गए।

पत्र को तहकर लिफ़ाफे में डाल, सिरहाने रखकर, माँ के पास बैठा, माँ ने मुझे गौर से देखा और सिर पर हाथ फेरते हुए बोलीं, ''क्या बात है भैया! आज बहुत उदास लग रहे हो?''

पिताजी जो वहीं पास खड़े थे, इतना सुना तो कह पड़े, ''इनके मित्र का विवाह है और यह परेशान हैं।''

इतना सुना तो माँ बोलीं, ''विवाह तो खुशी का अवसर होता है भैया! तुम क्यों परेशान हो...?''

अब क्या कहता, कपड़े तो अलग यहाँ किराए के भी लाले पड़े थे, कुछ समझ नहीं आ रहा था कि क्या कहूँ, माँ निरन्तर निहारती रहीं, फिर खाँसने के बाद बोलीं, ''अब समझी...तुम्हारे दोस्त का विवाह हो रहा है...और...तुम सोच रहे हो...तुम्हारा नहीं हुआ तो भैया!...इस में हमारा क्या दोष...हम तो कब से चाहते थे...कि विवाह हो जाए...और...बहू आकर घर गृहस्थी...सँभाल ले...पर...पर...तुम्हारी जिद्द के आगे किसी की नहीं चली।''

इतना सुना तो माँ की सहज सादगी पर न हँसी आ सकी और न रो सका, एकटक अपलक माँ को देखता रहा, फिर मेरी आँखों से अश्रु बहने लगे, माँ ने यह दृश्य देखा तो पिताजी को आवाज़ दी, आगे बढ़कर मेरा चेहरा, अपनी गोदी में ढाँपते हुए बोलीं, ''छीः-छीः...भैया! रोओ मत...भगवान सबकी कामना पूरी करते...हैं...तुम्हारी भी अवश्य करेंगे...बस...बस...रोओ...नहीं...।''

कहते-कहते मेरे सिर और पीठ पर हाथ फेरने लगीं।

पिताजी जो पास ही थे, अन्दर चले आए और माँ से संकेत में पूछा कि माजरा क्या है? माँ ने जो समझा था वही पिताजी से कह दिया।

पिताजी ने इतना सुना तो बोले, ''अरे नहीं...भैया!...विवाह के लिए नहीं दुखी

हो रहा है...मैं जानता...और...समझता हूँ...यह दूसरे कारण से रो रहा है।"

"दूसरा क्या कारण है...?" माँ ने पिताजी से पूछा।

"कारण है धनाभाव...उसे हम तुम भी...जानते हैं और भैया भी...परन्तु...मेरी अभिलाषा है कि...विवाह में अवश्य सम्मिलित होना चाहिए...विवाह एक ही बार होता है...और फिर...इष्ट मित्र...रिश्ते नातेदार...नहीं...सम्मिलित होंगे तो अच्छा लगेगा क्या?

दो

पिताजी का योगी बाबा के आश्रम से पुराना सम्बन्ध था, इधर वह अपने गिरते स्वास्थ्य और अवस्था के कारण नित्य नहीं जा पाते थे, फिर भी परिश्रम साध कर बीस-पच्चीस दिन में एक चक्कर तो लगा ही लेते थे, शेष दिनों में वह अपने नित्य नियम के साथ, योगी बाबा के चित्र को देवता की भाँति धूप दीप और पुष्प आदि अर्पित कर नमन कर लिया करते।

दो दिन बाद दीपावली पर्व था, घर-गृहस्थी की झाड़पोंछ और सफाई में पसीने पसीने हो रहा था, दोपहर के भोजन के पश्चात पिताजी ने कहा कि आज या कल अवसर निकाल कर मुझे आश्रम ले चलो।

उनकी इच्छा और आज्ञा शिरोधार्य करते हुए मैंने कल चलने की बात कह दी, इतना और कह बैठा कि आज ही ले चलता, परन्तु सामान को बाहर से उठाकर अन्दर सहेज कर रखना है और जब तक यह सब निपटेगा, अँधेरा हो जाएगा।

अगले दिन पिताजी ने मुझसे बाजार चलने को कहा, मैंने सोचा दीपावली पर्व है शायद कुछ खरीदारी करेंगे, हम दोनों साथ-साथ चले और एक बजाज की दूकान पर दो-दो मीटर मारकीन के दो टुकड़े खरीदे, एक ऊनी टोपा और एक गर्म शाल, फिर कुछ फल और मीठा खरीद कर, झोले में रखने के लिए देकर, माँ की दवा का पर्चा ढूँढने लगे, एक ड्रग स्टोर से माँ के लिए दवाइयाँ खरीदीं।

लौटकर घर आए, भोजन के पश्चात थोड़ा विश्राम कर लेने के पश्चात, पिताजी ने आश्रम चलने का विचार प्रकट किया, मैं तैयार होकर सायकिल निकाल लाया और चलने हेतु बाहर पिताजी की प्रतीक्षा करने लगा, उन्होंने आवाज देकर कहा, "भैया! झोला तो ले लो, यह सामान आश्रम में देना है।"

घर में पुनः प्रवेश कर खूँटी से झोला उतारा, उसे लाकर सायकिल के हैण्डिल में टाँगा, पिताजी आए और पीछे कैरियर पर बैठ गए, मैं धीरे-धीरे सायकिल चलाते हुए आश्रम की दिशा में बढ़ने लगा।

यूँ हम दोनों चुपचाप चले जा रहे थे, पर मेरे मन में इतनी हलचल अवश्य थी कि पिताजी लगभग अट्ठारह-बीस वर्षों से योगी बाबा के सम्पर्क में हैं, इसके बावजूद भी वह मुझे कभी अपने साथ नहीं ले गए, मैं सोचने लगा क्या योगी बाबा ने ऐसा कोई प्रतिबन्ध लगा रखा है, फिर मैं तर्क करते-करते सोचने लगता, यदि सचमुच प्रतिबन्ध होता तो पिताजी मुझे आज साथ क्यों लाते?

फिर मैं नए सिरे से गुत्थी सुलझाने की चेष्टा करता और मन ही मन विचार करता, संभवतः अपनी इस अवस्था के कारण, पिताजी ने योगी बाबा से आज्ञा प्राप्त कर ली हो कि वह पुत्र के साथ आ सकते हैं।

नगर में सामान्य जन में संभवतः योगी बाबा की कोई चर्चा न थी और यदि रही भी होगी तो बहुत न्यून, अधिकतर लोग उनके विषय में जानते ही न थे, वह भी कभी नगर प्रवेश न करते थे, सिर्फ़ अपने आश्रम के पास ही घूम टहल लेते।

कभी-कभार कुछ लोगों का आना जाना उस ओर देखा जाता था, परन्तु यह कोई नहीं जानता था कि लोग जो वहाँ जाते हैं क्यों जाते हैं?

यह और ऐसे ही अन्य प्रश्न मन के पटल पर उकेरते और बिना किसी निष्कर्ष तक पहुँचे, हम आश्रम के निकट तक पहुँच चुके थे, पिताजी को गेट के पास उतारकर मैं खड़ा हो गया, उन्होंने जब मेरा यह बर्ताव देखा तो पूछ पड़े।

"अन्दर नहीं चलोगे...?"

अब मैं क्या कहता, निरुत्तर ही साथ-साथ गेट में प्रवेश कर गया, फाटक खुला था, गेट से करीब डेढ़ सौ कदम चलने पर तीन कोठरियाँ और एक बड़ा-सा बरामदा दिखाई पड़ा, उत्तर दिशा में कुआँ था, उस पर पानी खींचने के लिए चर्खी लगी थी, कुएँ के पास बगल में दो बड़े-बड़े पत्थर रखे थे, संभवतः इन्हें स्नान और वस्त्रादि धोने के लिए उपयोग में लाया जाता हो।

अन्दर का प्रांगण बृहद और विशाल था, एक ओर बहुत अच्छी फुलवारी, रंग-बिरंगे खिले फूलों की मनोहारी छटा बिखेर रही थी।

प्रांगण में कई विशाल पेड़ थे, पेड़ों के नीचे-नीचे चटाइयाँ बिछी थीं, एक विशाल बेल वृक्ष के नीचे, चित्ताकर्षक ताम्ररंग के बृहद आकार शिवलिंग की स्थापना थी। इस पर बांस के डण्डों की तिगोडिया बाँधकर ऊपर पानी से भरी गगरी रखी थी, गगरी में छेद कर उसमें कुश और सूत्र को मिश्रित कर, एक डोरी गगरी के पेंदे से बाहर की ओर निकली थी।

इस डोरी की सहायता से बूँद बूँद पानी शिवलिंग पर टपकता था, शिवलिंग पर बेल पत्र और पुष्प चढ़े थे, किसी अर्चक ने उस पर एक त्रिपुण्ड भी चन्दन से बना दिया था जो मन मोहक प्रतीत हो रहा था।

पिताजी ने संकेत करते हुए, सायकिल एक किनारे खड़ी करने के साथ झोला उतार लेने को कहा, झोला उतारकर उनके पीछे-पीछे कुछ अन्तर पर चल रहा था। अन्दर कमरे से छाती के पास वस्त्र लपेटे संभवतः योगी बाबा बाहर आ रहे थे। पिताजी ने मुझे एक ओर कुछ दूर जाकर बैठने की हिदायत की और मैं एक ओर जाकर बैठ गया।

योगी बाबा का भव्य और दमकता हुआ मुखमण्डल साफ दिखाई पड़ रहा था, पिताजी ने भू पतन होकर प्रणाम निवेदन किया और फिर उठकर योगी बाबा के

पार्श्व में चलते हुए, पेड़ के नीचे आ गए, वहाँ एक मूढ़ा रखा था और चटाई बिछी थी।

योगी बाबा के आसन ग्रहण कर लेने के पश्चात पिताजी चटाई पर बैठे, कुछ समय तक पिताजी और बाबा में वार्तालाप होता रहा, जो मुझे साफ सुनाई नहीं दिया।

फिर योगी बाबा ने हाथ से ताली बजाई और एक सेवक उनके सम्मुख उपस्थित हुआ, उन्होंने सेवक को मेरी ओर इंगित करते हुए कुछ कहा, वह सेवक मेरे पास आया और मुझे बुलाकर बाबा के पास ले गया, बाबा के सम्मुख पिताजी की भाँति मैंने साष्टांग प्रणाम निवेदन किया, मेरे ऐसा करने पर योगी बाबा का गंभीर स्वर गूंजा,

''कौन...हो...?''

मेरी तो जैसे रूह काँप गई, बाबा के चेहरे का तेज और मुखाकृति का जलाल देखकर दृष्टि योगी बाबा पर टिकी नहीं रह सकी, मुझे चुप देखकर पिताजी बोले, ''महाराज! पुत्र है...मुझे लेकर आया है।''

''वहाँ क्यों बैठे हो...साथ आए हो...तो...साथ रहो।'' बाबा ने नसीहत की, मैं फिर भी चुप रहा।

बाबा ने प्रश्न किया, ''क्या करते हो...?''

''नौकरी नहीं मिली...खाली हूँ...''

मेरा उत्तर सुनकर योगी बाबा ने फिर कहा, ''यह नहीं पूछा कि नौकरी करते हो...यह पूछा कि कुछ ईश्वर आराधना करते हो...उसे बताओ...''

''नहीं बाबा! वह तो कुछ नहीं करता...और सत्य तो यह है कि...मुझे मालूम भी नहीं कि क्या और कैसे करना चाहिए।''

''हूँ...'' कहकर बाबा चुप हो गए।

फिर कुछ क्षण नेत्र मूँदे बैठे रहे, पश्चात पिताजी से प्रश्न किया, ''इन्हें कुछ बताया नहीं...यह...संस्कार तो...परिवार से ही अंकुरित पल्लवित और पुष्पित होता है।

पिताजी ने इतना सुना तो कह पड़े, ''स्वामी जी महाराज! मुझमें यह योग्यता कहाँ...अब आपकी...शरण में है...जो...चाहें उपदेश प्रदान करें।''

''नहीं...नहीं...वकालतनामा ना लगाओ...इनकी रुचि जब होगी...तब विचार करेंगे...दुकान नहीं लगा रखी है कि सौदा...बिक रहा है...खरीद लो... ।''

पिताजी ने इतना सुना तो कह पड़े, ''ठीक है महाराज! इन्हें आने जाने की आज्ञा दे दीजिए...फिर जब आप चाहें तो उपदेश करें।''

मेरी ओर देखते हुए बाबा ने कहा, ''तुम्हारे पिता लगभग अट्ठारह-बीस वर्षों से आते जाते हैं, इनसे अपनी तसल्ली कर लो और आश्रम के आचार और व्यवहार जान समझ लो...संध्या तीन बजे के पश्चात आ सकते हो, परन्तु तुम अभी मास में दो बार गुरुवार को आया करना।''

हाथ जोड़कर बाबा की आज्ञा शिरोधार्य की, फिर मुझे बैठने के लिए आदेश दिया, मैं पिताजी की बगल में बैठ गया, पिताजी ने मेरे हाथ से झोला लिया और उसमें से मारकीन के दो टुकड़े, एक टोपा और एक शाल, बाबा के चरणों में अर्पित कर दी, फिर कुछ फल और मीठा भी, बाबा ने यह सब देखा तो बोले, ''गरीबी में आटा गीला करते हो, कई अवसर पर समझाया...मना किया, ऐसा न किया करो...पर मानते नहीं हो।''

''महाराज गरीबी और अमीरी तो कर्म भोग है...'' पिताजी ने निवेदन किया।

बीच में ही वाक्य को काटते हुए बाबा ने कहा, ''रोग है...भोग नहीं...दोनों ही समान रूप से रोग है।''

मैं ध्यान से सुन रहा था, इतनी गंभीर बात और इतने सरल-सहज ढंग से कह दी गई थी कि घण्टों सोचने और समझने में व्यतीत किए जा सकते थे।

फिर पिताजी को संकेत में कुछ निर्देश देने के पश्चात, बाबा उठकर खड़े हो गए और फुलवारी की ओर बढ़ चले, सेवक पीछे-पीछे चल रहा था, मैं और पिताजी भी पीछे-पीछे चल पड़े।

फुलवारी के मध्य पहुँचकर योगी बाबा खड़े हो गए और जी भर कर फूलों को निहारते रहे, फिर बोले, ''हम सभी फूलों को नित्य देखते हैं...इसे व्यवहार में लाते हैं...परन्तु प्रकृति इनके माध्यम से जो सन्देश हमें दे रही है, उसे हम बूझ नहीं पाते...''

अनायास मैं कह पड़ा, ''बाबा! क्या सन्देश है...कृपया मेरी जिज्ञासा का समाधान करें।''

योगी बाबा कुछ क्षण मौन रहे, फिर कहने लगे, ''सन्देश है...विचार करो...फूल खिलता है...देखने में मन भावन लगता है...देखने वाले को सुख प्रदान करता है...फिर माली इसे तोड़कर विविध प्रकार से उपयोग कर...अपनी जीविका चलाता है...तो यह अश्रितों के पेट भरने का साधन भी है...अंकुरित होने से मुरझा जाने तक...फूल का...सम्पूर्ण जीवन वृत्त...दूसरों के निमित्त है...अपने निमित्त जैसे कुछ भी नहीं।''

इतना कहकर योगी बाबा कुछ देर चुप रहे, फिर वह कहने लगे, ''ऐसे जीने की सीख देता है पुष्प...जो दूसरों के लिए अर्थात मानवता को आदर्श आचरण मानकर व्यवहार उन्मुख रहते हैं...वास्तव में वह जन ही पुष्प की आभा और गरिमा से युक्त है।''

फिर दो क्षण बाद बोले, ''अच्छा, अब जाओ...हमें भी कर्तव्य पालन हेतु ड्यूटी पर बैठना है।''

और इसके पश्चात योगी बाबा सेवक के साथ, अपने कक्ष की ओर चल दिए, हम दोनों भी नमन कर वापस लौट पड़े।

तीन

पिताजी के साथ, घर लौटते समय उन्होंने मुझसे प्रश्न किया, ''पहली बार दर्शन किया है महाराज का।''

''जी, पिताजी।''

''कैसे लगे तुम्हें...?'' पूछा पिताजी ने।

''बहुत तेजस्वी, बहुत ज्ञानी और प्रभावशाली गुरु गंभीर वाणी के आभायुक्त सन्त।''

मेरा उत्तर सुनकर पिताजी पर क्या प्रतिक्रिया हुई, कह पाना कठिन है, वह पीछे कैरियर पर बैठे थे और मेरा मुँह आगे था, फिर मार्ग इतना ऊबड़खाबड़ था कि मुँह घुमाकर, उनकी प्रतिक्रिया नोट करने में खतरा था।

मैं अपनी रौ में सायकिल चलाए जा रहा था, कुछ आगे पहुँचकर पिताजी ने सायकिल रुकवाई और लघुशंका के लिए उतर पड़े।

कुछ दूर जा कर, उन्होंने कान पर जनेऊ चढ़ाया और बैठकर लघुशंका से निवृत्त हुए, मैं पैर जमीन पर टिकाए सायकिल पर ही था, उन्होंने पास आकर कहा, ''अभी पैदल चलो...वहाँ गाँव तक...हाथ धो लें तो सायकिल पर बैठेंगे।''

हम दोनों लगभग सौ कदम पैदल चले थे कि गाँव में पहुँच गए, एक कुएँ पर पहुँच कर पिताजी ने पानी लिया, हाथ, मुँह और पैर धोये, फिर आकर सायकिल पर बैठ गए।

सायकिल से आधे से अधिक मार्ग की दूरी हम दोनों पार कर चुके थे, आगे डामर रोड थी, वहाँ से बाजार आरम्भ हो जाती है और वहाँ से दस मिनट का रास्ता हमारे घर का था।

बाजार में प्रवेश कर उन्होंने रोका और बोंले, ''घर पर अगरबत्ती नहीं है.. .एक पैकेट ले लो।''

जब अगरबत्ती खरीदने चला तो मुझे रोक कर उन्होंने पाँच रुपये का नोट दिया, मेरे बार बार कहने पर कि दो रुपया है, उन्होंने बात स्वीकार नहीं की, नोट उनसे लेकर अगरबत्ती खरीद कर लौटा और तीन रुपये लौटा दिए।

अब कुछ दूर चलने के पश्चात हम घर पर थे। एक महिला और एक सज्जन पिताज़ी की प्रतीक्षा में द्वार पर बैठे थे, हमारे पहुँचने पर दोनों खड़े हो गए और पिताजी का चरण स्पर्श करने के पश्चात पिताजी के कहने पर दोनों बैठ गए।

पिताजी अन्दर गए और दो जगह जलपान ले कर आए तो आगन्तुकों के सम्मुख रखकर बोले, "पहले जल लो...देर हुआ आए...?"

"हाँ! कोई आधा घण्टा पूर्व आए हैं।"

"ठीक है...जल लो..."

जल लेने के पश्चात, उस व्यक्ति ने कहा, "आपने संभवतः पहचाना नहीं...?"

"नहीं, बिलकुल नहीं पहचान पाया..."

फिर कुछ सोचते हुए कहने लगे..."बताओ..."

"मैं कृष्ण मुरारी द्विवेदी का पुत्र हूँ..."

"और यह ..." महिला को इंगित करते हुए पूछा पिताजी ने।

"यह मेरी पत्नी हैं...।"

"अच्छा! अच्छा!! कैसे हैं कृष्ण मुरारी...कैसे आना हुआ...?"

पुरुष बोला, "पिताजी ने क्षमा याचना सहित यह धन भिजवाया है।"

"कैसा धन...?" पूछा पिताजी ने।

"संभवतः आप विस्मृत कर गए..."

पिताजी भी कह रहे थे..."आपको याद न होगा...सो सत्य ठहरा...।"

"बताओ...तो...कुछ भी याद नहीं..."

"माताजी के आप्रेशन के समय पिताजी ने, आपसे आठ हजार रुपये लिए थे...लगभग पाँच-छः वर्ष पूर्व...परिस्थितियाँ कुछ ऐसी थीं...कि...लौटा नहीं सके...अब सब ठीक है...फिर कर्ज़ तो कर्ज़ है...बोले, इसे मिश्र जी को दे आओ और अप्रत्याशित विलम्ब के लिए क्षमा प्रार्थना कर देना।"

मैं सुन तो सब रहा था, पर इसे अधिक महत्त्व नहीं दे सका और सच तो यह है कि कभी कर्ज़ लिया और विलम्ब से लौटाया, इसमें कुछ भी खास बात प्रतीत नहीं हुई सिवाय लौटाने वाले की ईमानदारी के...

पुरुष ने जेब से रुपये निकाले और आठ हजार गिनने के पश्चात पिताजी को देना चाहा, पिताजी ने मेरी ओर संकेत करके कहा, "रख लो..."

रुपये मैंने सँभाल लिए, दम्पति पिताजी का चरण स्पर्श कर विदा हो गए, रुपये ले जाकर मैंने माँ के सिरहाने रख दिए।

भोजन के पश्चात मैं और पिताजी, माँ के पास बैठे थे, माँ ने पूछा, "भैया, मेरे सिरहाने रुपये की गड्डी रख गया है...कैसे रुपये हैं...?"

"अरे, भैया को मित्र के विवाह में जाना है...सो...महाराज की कृपा से उधार दिया धन लौट आया...मैं तो भूल ही गया था।"

पिताजी ने इतना कहा तो मैं सोच में डूब गया, जब पचा नहीं सका तो कह पड़ा, "रुपया आपका था, उधार भी आपने ही दिया था, लौट आया...देर से सही.

..पर इसमें महाराज की कृपा कहाँ प्रवेश कर गई।''

''अब भैया! यह तो अपने-अपने अनुभव की बात है...अभी अनुभव नहीं है. ..इसलिए ऐसा विचार है...यह भी ठीक है।''

पिताजी ने जब इतना कहा तो मैं चुप न रह सका और कह पड़ा, ''पिताजी! दोनों बातें ठीक नहीं हो सकतीं, इसमें एक तो गलत है...मैं आपकी श्रद्धा, निष्ठा और विश्वास पर उँगली नहीं उठा रहा हूँ...परन्तु मैं इस विचार को अंध विश्वास मानता हूँ।''

मेरे इस कथन पर पिताजी पूर्णरूपेण शान्त रहे, कुछ क्षण चुप रहने के पश्चात मुझे निहारते हुए बोले, ''वास्तव में तुम्हारा अश्रुपात देखकर मन ही मन महाराज से प्रार्थना करता रहा, इसी उद्देश्य से आश्रम चलने की बात भी थी...जब आश्रम पहुँचा तब भी मन के अन्दर एक कोने में यही विचार प्रभावी था...इसलिए और इतने वर्षों में मेरे अपने अनुभव हैं...यही कारण है कि मैं अपने विचार पर दृढ़ हूँ।''

इतना सुना तो मेरे मुँह से निकल गया, ''आपका अनुभव है तो ठीक है, जब मुझे भी अनुभव होगा...तो...स्वीकार कर लूँगा...इस प्रसंग में बाबा की कृपा का अंश मुझे स्वीकार नहीं, इतना व्यक्त करने पर भी मैं उनके प्रति श्रद्धान्त हूँ।''

मेरा कथन पूरा भी न हुआ था कि माँ बोल पड़ी, ''ठीक है, हम भी नहीं कहते कि तुम आँख मूँदकर हमारे कहे पर विश्वास कर लो, पर अपना परखा अनुभव हम दोनों कैसे बदल दें...जो देखा और समझा...हमारे साथ घटित हुआ, उससे कैसे इनकार करें।

''ठीक है... ।'' कहकर माँ को दवा दी, दीवार पर टँगी घड़ी ने रात्रि के दस बजा दिए थे।

माँ ने कहा, ''अब...यह रुपया उठाओ...और सँभाल कर...रख दो...अब रात आ गई...बिस्तर पर पड़े रहो...सवेरे सोचना...''

माँ के इतना कहने पर हम दोनों उसी कमरे में अपने-अपने बिस्तर पर पड़े रहे, थोड़ी देर के पश्चात पिताजी को नींद आ गई, माँ भी सो चुकी थीं और मैं प्रातः तक अपने विचारों को उलटता-पुलटता और परखता रहा, मुझे किसी प्रकार भी यह कथ्य हजम नहीं हो पा रहा था कि ''महाराज जी की कृपा'' स्वरूप व्यवस्था हो गई।

प्रातः चार बजे झपकी आई तो फिर उठा समय से, परन्तु सारा दिन सुस्त और सिर भारी भारी रहा, कह नहीं सकता, नींद न आने के कारण ऐसा था या यह उस विचार के कारण जो मेरे चिन्तन में प्रवेश कर गया था।

चार

कोई कामधाम तो था नहीं, नहा-धोकर नाश्ते पानी से फुर्सत कर, बाजार जाने की सोच रहा था, तभी कमलेश्वर आ गया, वह कालेज में मुझसे जूनियर था, हम दोनों में पटती थी, हाल चार के पश्चात हम दोनों बातें कर रहे थे कि पिताजी आ गए।

कमलेश्वर ने पिताजी का चरण स्पर्श किया और उन्होंने आशीष सहित, उसके सिर पर हाथ फेरा, पिताजी के स्थान ग्रहण करने तक मैं खड़ा रहा, उन्होंने हम दोनों को बैठने का संकेत करते हुए बताया कि वह रामआसरे राय के यहाँ जा रहे हैं, कुछ देर से लौटेंगे।

कमलेश्वर शतरंज का शौकीन था, खेलता तो कभी-कभार मैं भी था पर मेरी रुचि इस खेल में न थी, वह खाली बैठ नहीं सकता था अतः कुछ अनमना अनुभव करते हुए उसने कहा, "चलो! बाजी नहीं बिछानी है तो कहीं घूम फिर लिया जाए. ..।"

"माँ के पास एक व्यक्ति का रहना आवश्यक है...तबीयत रात से ठीक नहीं है बैठो...।"

मेरे इतना कहने पर वह कह पड़ा, "सोचा था तुम्हारे पास बैठकर बाज़ी खेलूँगा,. ..पर...खैर चलो...तुम माँ को देखो।" और इतना कहकर मेरे आग्रह पर ध्यान दिए बिना, वह चला गया।

खाली बैठा मैं करता भी क्या, अन्दर से एक पुस्तक उठा लाया और पढ़ने की चेष्टा करने लगा, फिर माँ की आवाज सुनाई पड़ी, उनके पास पहुँचा तो वह बोली, "कौन था...भैया।"

"कोई नहीं...वही कमलेश्वर था..."

"जाओ...बैठो,...बात करो...मुझे पानी दे दो...बस...।"

माँ को एक गिलास पानी लाकर दिया, पीने के बाद उन्होंने फिर कहा, "बहन भी साथ लाया है...जाओ यहीं बुला लाओ...।"

"वह अकेला था, घूमने के लिए मुझे साथ लेने आया था...।"

"तो चले जाते...।" माँ ने कहा।

"चलो, नहीं गया तो क्या फर्क पड़ता है।"

"नहीं भैया! ऐसा नहीं सोचते...मित्र मानते हो न उसे...तब...?"

"अच्छा...ठीक है...अब तो गया..."

इतने संवाद के बाद मैं फिर बाहर आ गया, किताब उठाई और फिर पढ़ने को न जाने मन क्यों नहीं हुआ, मैं तख्त पर लेट गया और कमलेश्वर के विषय में सोचने लगा।

कमलेश्वर आयु में मुझसे दो या तीन वर्ष छोटा है, पिता शुगर फैक्ट्री में केन डिपार्टमेंट में सेवारत हैं, सोचते-सोचते मैं राह से भटक गया, कमलेश्वर के माता-पिता से हो कर, मैं उसकी बहन पर आकर ठहर गया।

सोचने लगा, संभवतः अब उसने बी.ए. कर लिया हो, फिर विचार की डोर ढीली छोड़ते, मन में भाव आया संभवतः उसका विवाह हो चुका होगा, फिर सोचता शायद अभी न हुआ हो, विवाह होता तो पता अवश्य चलता, सोचते-सोचते मैं उसकी आकृति और चेहरे को स्मृति में उतारने की चेष्टा करने लगा, बहुत प्रयास पर भी कुछ साफ नहीं हुआ।

अब तख्त पर लेटे, अपनी सम्पूर्ण स्मृति और चेष्टा सहित, मैं उसके रंग, रूप, नाक, नक़्श और चेहरे-मोहरे पर केन्द्रित करने की निरन्तर कोशिश करता रहा, पर पता नहीं क्या गड् मड हो जाता था कि मेरा प्रयास सफल नहीं हो पा रहा था।

अपनी वैचारिक उड़ान में मैं ऊपर-ऊपर उड़ा जा रहा था, फिर हार और झक मार कर जैसे जमीन पर आ गिरता, मुझे अपने अन्दर उठ रहे संवाद की ध्वनि सुनाई पड़ने लगी, जैसे कोई पूछ रहा हो, कभी गए हो...कमलेश्वर के घर...

और सचमुच कभी जाना ही नहीं हो सका था, फिर लगा, जैसे कोई कह रहा हो, जब कभी गए नहीं...मेल मिलाप भी नहीं...तो...वह तुम्हारी स्मृति में उभरेगी भी कैसे?

इस कथन में मुझे तत्त्व बोध प्रतीत हुआ, अपने को समझाने की चेष्टा करते हुए, मैं सोचने लगा कि बात तो ठीक और यथार्थ ही है, जिससे घनिष्ठता और संवाद तक नहीं, वह स्मृति में उभरेगा भी कैसे...?

मन के संवाद का यह सिलसिला देर तक चला और एक क्षण ऐसा भी आया, जब मेरी व्याकुलता, आकुलता और व्यग्रता, इस विचार के साथ मुझे अपने अन्दर उष्णता और तपन की तीव्र अनुभूति शिद्दत से होने लगी।

तख्त से उठकर एक गिलास पानी पिया और कमरे में लौट कर माँ के पास आकर बैठ गया।

कुछ देर तो बैठा रहा, परन्तु फिर उसी पूर्व स्थिति का बोध होने लगा, मैं अपने से प्रश्न करता, यह सब क्या हो रहा है...?

और कोई उत्तर प्राप्त न होने पर, यह नहीं सोच पा रहा था कि इसका समाधान क्या है? और यदि कोई समाधान है तो उसे कहाँ हासिल करूँ।

माँ जागी उनका चेहरा पीड़ा रहित लगा, मुझे देखकर बोली, "कब से बैठे हो...तुम्हारे पिताजी लौट कर आए...?"

"नहीं...अभी तो नहीं आए...।"

मेरा उत्तर सुनकर माँ ने कहा, "लगता है...देर से आयेंगे...तुमने चाय पी...बना लो...हम दोनों चाय पी लें...।"

माँ के इतना कहने पर चाय बनाई, छानकर दो प्याले में लाकर स्टूल पर माँ के सामने रख दी, माँ फिर बोली, "दोपहर की खाने वाली दवा दे दो...चाय से ले लूँ...।"

"देता हूँ...तबीयत अब कैसी है।"

"पहले से ठीक है।"

और माँ के हाथ में एक कैपसूल और एक टेब्लेट देकर प्याला उन्हें थमा दिया, मैं बैठा रहा, मेरा समूचा ध्यान माँ पर केन्द्रित था, पर न जाने कहाँ से वह विचार जुगनू की भाँति झिलमिला उठता और मैं फिर उसी ओर बहने लगता।

फिर माँ जो मेरे सम्मुख बैठी थीं, मेरी चिन्तन परिधि पर छा जाती, यह क्रम देर तक रफ्तार पकड़े रहा, कभी माँ आगे होती...कभी वह...जिससे कभी कोई घनिष्ठता ही न थी।

इसी ऊहापोह में सिर भारी लगने लगा, खैर रात न सो पाने के कारण भी भारी था, पर अब प्रभाव कुछ अधिक तीव्र अनुभव होने लगा था।

बैठे-बैठे सोचने लगा, रात निद्रा से हाथ धोना पड़ा, यह भी कोई विचार करने की बात है, जिसे लेकर सारी रात नींद हराम करता रहा, अब दिन में यह विचार अनायास छट्ठी का दूध याद करा रहा है...इन विचारों से उलझनें का लाभ क्या है...?

स्वयं से अपने तर्क गढ़ता और स्वयं से अपने उत्तर भी खोजता, यह सिलसिला जो आरम्भ हुआ तो थमा नहीं।

अब कभी रात वाला चिन्तन प्रभावी होकर, निरुत्तर करता तो कभी दिन वाला चिन्तन, मुझे लगने लगा, मेरी स्थिति ऐसी हो गई है जैसे भरी दोपहरिया में कोई अपने लक्ष्य को चूमने के लिए, रेगिस्तान की गर्म रेत पर नंगे पैर चलते जाने का यत्न साध रहा हो।

पाँच

दीपावली पर्व का एक दिन शेष था, पहले इस पर्व पर पिताजी संध्या में घर पर गणेश लक्ष्मी पूजन निपटाकर कुछ देर पश्चात योगी बाबा के आश्रम चले जाते थे और वहाँ से प्रातः लौट कर आते थे, इधर विगत तीन-चार सालों से वह चाह कर भी नहीं जा पाते।

अवस्था और स्वास्थ्य दोनों बाधक थे, उनकी दिनचर्या नियमित थी, वह-घर गृहस्थी और अपनी साधना से मतलब रखते थे, घर में भी वह आवश्यकता भर ही बैठते बोलते अन्यथा अपने कमरे में जप, ध्यान और शास्त्र के अध्ययन में व्यस्त रहते, दोपहर में जब खाली रहते तो एक से पाँच बजे तक वह अपने सारे कार्य निपटा लेते।

आज जब पिताजी स्नान से निवृत्त हो वस्त्र धारण कर चुके तो उन्होंने मुझे अपने पास बुलाया और बोले, ''साधना की दृष्टि से दीपावली का सर्वाधिक महत्त्व है...मैं सोच रहा था किसी प्रकार महाराज से दीपावली पर तुम्हें उपदेश प्राप्त हो जाता।''

मैं कह पड़ा, ''आप साथ चलें मैं ले चलता हूँ।''

पिताजी बोले, ''सुना था...महाराज बोले थे, वकालतनामा नहीं लगता...सो...साथ जाना...ठीक नहीं।''

''तब मुझे क्या करना चाहिए।'' पूछा मैंने।

''खुद जाकर ...स्वयं निवेदन करना चाहिए।''

''परन्तु बाबा ने तो गुरुवार के लिए कहा है... ।''

मेरा उत्तर सुनकर पिताजी ने कहा—''ठीक कह रहे हो...परन्तु यदि कल तीन बजे पहुँच जाओ तो संभवतः दयावशात महाराज तुम्हें उपदेश दे दें।''

''ठीक है...प्रयत्न करना...मेरा कर्तव्य है...मैं कल तीन बजे पहुँच जाऊँगा।''

इसके पश्चात पिताजी अपने पूजन अर्चन में व्यस्त हो गए और मैं माँ के पास आ बैठा, माँ ने पिताजी के विषय में पूछा, मैंने सारी बात बता दी, सब सुनकर माँ बोलीं, ''स्वामी जी बड़े कृपालु हैं...वह अन्तर्यामी हैं...भैया! तुम कल अवश्य जाओ।''

''ठीक है...'' कहकर मैं चुप हो गया।

समाचार पत्र आ गया था, उठाकर उसे पढ़ने लगा, फिर भोजन व्यवस्था में

जुट गया, रसोई माँ की अस्वस्थता के कारण हम दोनों पिता पुत्र सँभाल लेते थे, माँ की स्थिति ऐसी न थी कि वह कुछ करतीं, महरिन आती तो झाड़ू-पोंछा कर, बर्तन साफ कर देती, दो-चार छोटे मोटे काम और निपटा देती।

समाचार पत्र पढ़ते-पढ़ते झपकी आ गई, जब पिताजी ने जगाया तब आँख खुली, दोपहर का एक बज रहा था, रसोई में प्रवेश कर पिताजी ने खिचड़ी चढ़ा दी और आकर बाहर बैठ गए, डेढ़ बजे भोजन से फुर्सत कर गृहस्थी के सामान खरीदने बाजार चला गया।

लौटकर आया तो पिताजी प्रतीक्षा कर रहे थे, मुझे देखकर बोले,

"कल का याद है न...जाना तो साथ में फूल माला और कुछ मिष्टान्न के साथ, एक नारियल भी लेते जाना...सब महाराज के चरणों में रख देना।"

"ठीक है, ऐसा ही करूँगा।"

मुझसे इतना कहकर पिताजी देवी भागवत पढ़ने में व्यस्त हो गए।

अब मैं अकेला रह गया था, माँ भोजन कर और दवा लेकर झपकी ले रही थीं, पिताजी तो व्यस्त थे ही, मुझे कुछ अकेलापन महसूस हो रहा था, सो मैं घर से चौराहे वाले पार्क में घूमता रहा, फिर एक बेंच पर आकर बैठ गया।

एक सज्जन मेरी बगल बेंच पर आकर बैठ गए, देखने में मध्यम आयु के तन्दुरुस्त और आकर्षक व्यक्तित्व के लगे, कुछ देर हम दोनों चुपचाप बैठे रहे।

फिर उसने मुझमें दिलचस्पी लेते हुए मेरा नाम 'प्रोफेशन' और जन्म तिथि पूछी, मेरे सामान्य रूप से उत्तर दे देने के पश्चात, उसने जेब से कागज़ निकाला और कुछ अंकों को जोड़ने घटाने लगा, मुझे लगा कि यह व्यक्ति 'क्रेक' है और यहाँ से उठ जाने में ही कल्याण है।

अभी मैं वहाँ से उठकर अलग बेंच पर जाने की सोच रहा था कि वह मुझसे कहने लगा, "प्लैनेट सन डामीनेट करता है...नेक इनसान हो, बात के धनी और मानवीय गुणों के पक्षधर हो, पढ़ाई-लिखाई पर्याप्त है, सर्विस में विलम्ब है...आय के दो स्रोत होंगे...भाग्य छत्तीस वर्ष की आयु के बाद भरपूर सहायक होगा।"

मुझे सारा कथन बकवास लगा, परन्तु उसके सम्मुख 'बकवास' कहना और इस प्रकार अभद्रता प्रदर्शित करना, सरासर अरुचिकर लगा, मेरी कुछ भी जानने में रुचि नहीं थी, परन्तु वह रुक-रुक कर जो बता रहा था, उससे अन्दर ही अन्दर मैं प्रभावित अवश्य हो रहा था।

मेरे अन्दर जिज्ञासा का तीव्र वेग उपजा, कुछ और जानने के लिए, परन्तु अपने पर जब्र करते हुए मैं उससे दो टूक शब्दों में कह पड़ा, "महोदय! आप ने गलत आदमी को चुना है...मेरा विश्वास इन सब चीज़ों में नहीं है...मैं आपको धेला भी नहीं दे सकता, कहीं और जाकर अपना भाग्य आजमायें।"

उसने आश्चर्य से विस्फारित नेत्रों से मुझे देखा और कहने लगा, "धेले की

बात कहाँ से आई, मैंने तो आप से कुछ माँगा भी नहीं...फिर इसमें नाराज़ होने की बात भी कहाँ है...मैंने कब कहा कि आप मेरा विश्वास करें...।''

मैं उसके शब्दों पर विचार करने लगा, फिर मुझे लगा कि मैं अनावश्यक ही उलझ कर खटास पैदा कर रहा हूँ...बात को समाप्त करने के विचार से मैं कह पड़ा, ''यह कौन-सी विद्या है...?''

''यह अंक विद्या है...इसे न्यूमरॉलोजी कहते हैं, इसके आधार पर मनुष्य जीवन का सारा वृत्तान्त बताया जा सकता है...।''

''और ज्योतिष...?'' पूछा मैंने।

''वह भी है...पामिस्ट्री, जिसे हस्तरेखा विज्ञान कहते हैं वह भी है...''।

इतना सुना तो मैं पूछ पड़ा, ''भविष्य कहने की और कौन-सी विधायें प्रचलित हैं...''

''हैं तो मुख्यतः यही तीन पर 'क्रिस्टल गेज़िंग' और ध्यान योग द्वारा भी बताया जाता है, कार्ड से भी भविष्य कथन की प्रथा है...''

बात को विराम देने के उद्देश्य से मैं पूछ पड़ा, ''अपने विषय में कुछ बतायें...''

उसने मुझे ध्यानपूर्वक देखा और कहा, ''मुझे डॉ. अज़्मत अली कहते हैं... पास ही, सिविल लाइंस में बंगला नम्बर तीस में रहता हूँ।''

''यह आपका प्रोफेशन है...?''

''जी नहीं...यह मेरा शौक है...पर अगर प्रोफेशन भी है तो इसमें बुरा क्या है?''

''लोगों में अन्धविश्वास पनपता है और वह निराशा के चंगुल में अनायास फँस कर पीड़ित होते हैं।''

''आपकी सोच एकांगी है...यह न तो न्यायसंगत है और न व्यावहारिक...आपको जब इन विषयों की जानकारी ही नहीं है तो आपकी राय का अर्थ ही क्या और कितना लिया जा सकता है...?''

मैं, कुछ कटु होते-होते अपने पर काबू करते हुए, सहजता से कह पड़ा, ''आप दिलचस्प व्यक्ति हैं, कभी अवसर मिला तो आप से बात होगी।''

''जब चाहें...जब मिलेंगे और बात होगी तो आप कायल हो जाएँगे।''

और अपनी बात समाप्त कर वह उठ खड़ा हुआ, मैं भी उठ पड़ा और आदाब की मुद्रा में उसे विदा कर धीरे-धीरे घर की ओर लौट पड़ा।

छः

आज दीपावली पर्व का दिन था, पिताजी प्रातः से दो बार आश्रम पहुँचने हेतु याददहानी करा चुके थे, जाने के विषय में तो स्वयं से मैं भी सोच रहा था, पर लगभग साढ़े ग्यारह बजे मन में विचार आया कि 'उपदेश' प्राप्त करना तो संभवतः सरल है, परन्तु इससे सम्बन्धित अनुशासन का पालन और नियमों का निर्वहन कठिन हो सकता है, क्या मैं इस स्थिति हेतु तत्पर हूँ।

अभी मेरा चिन्तन यहीं थमा था, पिताजी जो अपने नित्य नियम हेतु कमरे में जाने वाले थे, मुझे देखकर ठिठके और निकट आ कर पूछ बैठे, "ऐसी क्या चिन्ता ओढ़ ली...आज दीपावली है...बाजार चले जाओ...कुछ कड़ुवा तेल और मोमबत्ति आदि के साथ, पूजन का सामान भी लेते आओ।"

पिताजी ने जब इतना कहा तो मैं कह पड़ा, "यह सब तो हो जाएगा, अभी जाकर ले आऊँगा, आप निश्चिन्त रहें, मैं...कुछ और ही...विचार कर रहा था।"

पूछा उन्होंने, "क्या विचार कर रहे थे..."

"यही कि उपदेश ले लेना तो सरल है...पर...उससे सम्बन्धित नियम और अनुशासन का...पालन...?"

पिताजी ने टिप्पणी की, "ठीक सोच रहे हो...सोचना भी चाहिए...यदि नियम और अनुशासन पालन करने की वृत्ति का ही अभाव हो...तो...उपदेश व्यर्थ हो जाता है...फिर प्राप्त करने से क्या लाभ...?"

"अब क्योंकि मैं जानता नहीं और कुछ जाना सुना भी नहीं, इसी कारण थोड़ा चिन्तित हूँ कि कहीं नियम अनुशासन इतना कठोर न हो...कि...मुझसे पालन ही न हो सके ...।"

"भैया! इसमें घबराने की कोई बात नहीं, महाराज को देने की रीति उतनी है जितना पात्र में समा सके...फालतू वह कुछ देते नहीं...दूसरी बात यह कि महाराज सिद्ध पुरुष और अन्तर्यामी हैं...उनसे तुम्हारी स्थिति छिपी नहीं...वह अपनी दृष्टि से सब तौल नाप लेते हैं कि पात्रता क्या और कितनी है...फिर उसी हिसाब से प्रदान भी करते हैं।"

पिताजी ने मेरा संशय निवारण करते हुए, यह सब कहा, और अपने कमरे में प्रस्थान कर गए।

मैं भी उठा और बाजार चला गया, दीपावली पर्व की सारी व्यवस्था सुचारु

रूप से सम्पन्न हो सके, लिस्ट बनाकर आवश्यक सामान खरीद कर लौट आया।

अभी दो बज रहे थे, दोपहर ढलने लगी थी, सब सामान अन्दर पहुँचाकर झोले से बाहर किया, फिर आश्रम पर साथ ले जाने वाला सामान, झोले में रख लिया, झोले का सामान पिताजी को लाकर दिखाया तो वह कह पड़े, "और तो सब ठीक है...परन्तु पतलून पहनकर मत जाना...धोती पहन कर जाना उचित रहेगा।"

"जी अच्छा..." कहकर मैंने पुनः स्नान किया और धोती पहन ली।

अब, मैं चलने को तैयार था, माँ और पिताजी का चरण स्पर्श किया और सायकिल निकालकर आश्रम के लिए चल पड़ा।

आश्रम पर पहुँचा तो कुछ भीड़भाड़ दिखाई पड़ी, उस दिन की तुलना में जब मैं पहली बार आया था।

आगन्तुकों की संख्या कहीं अधिक थी, स्त्री, पुरुष, बाल अबाल आते, महाराज को प्रणाम करते और चुपचाप जाकर प्रांगण में जहां स्थान होता, मन्दिर के पास या शिवलिंग के पास आसन बिछाकर जपनिष्ठ हो जाते।

सब अपने में मस्त और अनुशासित, न किसी से किसी का वार्तालाप न शोर, बिलकुल अभूतपूर्व शान्ति, अपनी सायकिल एक ओर खड़ी कर, महाराज के सम्मुख उपस्थित हुआ, चरणों पर औरों की भाँति पुष्प अर्पित कर साष्टांग प्रणाम निवेदन किया और चुपचाप खड़ा रहा।

महाराज के नेत्र बंद थे और पूरी एकाग्रता से मूढ़े पर बैठे थे, उनके दोनों हाथ मूढ़े के हत्थे पर फैले थे परन्तु दोनों हाथों की मुट्ठियाँ बंद थीं।

कुछ देर बाद महाराज ने नेत्र खोले तो सम्मुख, मेरी बगल खड़ी महिला से पूछा, "अब कैसी तबीयत है...?"

"स्वामी जी! आपकी कृपा से ठीक हूँ।"

"जप करती हो...?"

"जी, स्वामी जी!"

"अच्छा...तो जाओ...अभी थोड़ा वहाँ (मन्दिर की ओर संकेत करते हुए) बैठकर, माई के सम्मुख ग्यारह माला जप कर लो और अँधेरा होने से पहले घर जाओ... रात्रि में घर जाकर...और जप करना...आज पर्व काल है।"

इतना आदेश प्राप्त कर महिला प्रणाम निवेदन कर चली गई, मैं विचारने लगा, उधर कौन माई है, संभवतः आश्रम में कोई वृद्ध महिला होगी, मेरे मन में यह भाव गड्डमड्ड हो ही रहा था कि महाराज ने कहा, "जाओ...दर्शन कर आओ...माई की मूर्ति उधर स्थापित है।"

सहज भाव से आदेश का पालन करने हेतु चल पड़ा, बारामदे की बाईं ओर एक साधारण से कमरे में, माई का विग्रह स्थापित था, छत सादी थी, कंगूरा और गुम्बद जैसी कोई भव्यता वहाँ न थी।-

लोग जाते खिड़की से दर्शन करते, खिड़की पर ही श्रद्धा सुमन अर्पित करते, धूप दीप जलाते, नमन करते और स्थान रहने पर वहीं बैठकर जप करते।

कुछ देर पश्चात भीड़ कम हुई, मन्दिर के पट बन्द थे, पूरब की दीवार में जो खिड़की थी, उसी से साधक और भक्तगण दर्शन करते।

मैं जब विग्रह के सामने खड़ा होकर, चैतन्य मन और मस्तिष्क से दर्शन कर रहा था, मुझे अपने शरीर में जैसे रोमांच की अनुभूति हुई, कुछ क्षण अपलक मूर्ति को निहारता रहा, फिर मन ही मन प्रार्थना करने लगा कि माई! कहीं महाराज किसी कारणवश, उपदेश टाल न दें।

घड़ी पर दृष्टि पड़ी तो चार बज रहा था, वहाँ से लौट कर पुनः महाराज के पास आ गया, कुछ देर बाद महाराज जब खाली हुए तो झोले से सामान निकालकर श्रद्धा भक्ति सहित श्री चरणों में अर्पित कर दिया।

महाराज ने नारियल देखा, उसे उठाकर अपने हाथों में लिया, फिर एक सेवक को बुलाकर, नारियल माई को अर्पित करा कर, फोड़वाया और गरी का प्रसाद वितरित करवाकर मुझे भी अपने हाथ से प्रदान किया।

प्रसाद मैंने सुरक्षित रख लिया, फिर महाराज ने अगल बगल दृष्टि पसारकर देखा, कोई आस-पास था नहीं, इतना सुनिश्चित होने पर श्री महाराज मुझसे कहने लगे, ''हमारे यहाँ पंच देवों में एक देवता हैं गणपति, इनकी दो विशेषतायें हैं, यह विघ्नकर्ता भी हैं और विघ्नहर्ता भी हैं।'' इतना कहकर मेरी ओर ध्यान से देखा और पूछा, ''कुछ समझे...?''

मेरा उत्तर था, ''जी महाराज!...समझा...''

उन्होंने फिर कहा, ''यह प्रथम पूज्य देवता हैं...सबसे पहले परिवार में मंगल कार्यों में इनका पूजन होता है...।''

और महाराज ने संस्कृत का एक श्लोक पढ़ा, फिर उसका अर्थ समझाकर, अपने कथ्य की पुष्टि की।

कुछ क्षण मौन छाया रहा, फिर अवसर सुलभ पाकर मैंने हाथ जोड़े हुए प्रार्थना की कि मुझे उपदेश करें महाराज! आज पर्व काल है...पिताजी और माँ की आज्ञा प्राप्त है।

इतना सुना तो महाराज बोले, ''ठीक है...आगे आकर बैठो, सुख आसन अर्थात् पल्थी मार कर।''

इतना कहकर महाराज विचार मग्न हो गए और मैं महाराज के सम्मुख पल्थी मारकर बैठ गया, ठीक उसी प्रकार जैसा निर्देश था। फिर बोले महाराज, ''हम जो बता रहे हैं, उसे करके अनुभव करना, ध्यान रखो...हम जो कह और बता रहे हैं, यद्यपि वह सत्य है, परन्तु तुम्हें सत्य को परख कर ही विश्वास करना चाहिए।''

इतना कहकर महाराज ने मुझे गंभीर मुद्रा में एकटक निहारा, सैकेण्ड के एक

तिहाई क्षण भी मैं उनकी ओर देख नहीं सका, मुझे लगा जैसे मेरे मन मस्तिष्क और शरीर में अद्‌भुत शान्ति व्याप्त हो गई है, उत्तेजना जैसे कहीं है ही नहीं, शेष सब भान जाने कहाँ लुप्त हो गया।

महाराज ने फिर कहा, "आहार, विचार और व्यवहार, इनकी शुद्धता साधना मार्ग की पहली सीढ़ी है, इस दिशा में प्रयत्नपूर्वक अभ्यास परिपक्व बनाना चाहिए। इसमें शिथिलता हानिकारक सिद्ध होती है।

मैं सब कुछ ध्यानपूर्वक सुन रहा था, वह कोई बात कहते तो फिर पूछते, "क्या समझे" वह जब जान लेते कि ठीक सुना और समझा है तो आगे की बात करते।

यह बात मैं बाद में समझ पाया कि दन्त पंक्तियों के अभाव में श्री महाराज के शब्द श्रोता की पकड़ में आ रहे हैं कि नहीं, इतना भली प्रकार सुनिश्चित कर ही वह आगे बढ़ते थे।

उन्होंने जब मुझसे प्रश्न किया, "क्या समझे...?"

तो मैंने अपने शब्दों में उनके कथ्य का भावार्थ स्पष्ट बता दिया, सुनकर प्रसन्न हुए, फिर बोले, "एक माला ले लो...माला पर वैसे ही जप नहीं करना चाहिए... माला संस्कारित होनी चाहिए।"

"जी महाराज...।" मैंने हामी भरी।

"जी महाराज नहीं...पहले जाओ और माला खरीद लाओ..."

मैं उठा और गेट के पास कोने में एक माला बेचने वाला बैठा था, जो मालायें तैयार कर रहा था, उससे कमल गट्टे की एक माला खरीद ली और माला लाकर फिर वहीं आ बैठा।

महाराज ने माला माँगी और लगभग पाँच मिनट तक माला को अपनी दोनों हथेलियों में रखकर कुछ पढ़ते रहे, माला पर फूँक मारते रहे और दानों को आपस में रगड़ते रहे, फिर माला मेरी ओर बढ़ाकर मेरे हाथों में देकर बोले, "लो...यह साधक का अस्त्र है, ...सँभालकर रखो, इस पर थोड़ा चिकना लगाकर रगड़ लेना, जिससे यह सरके..."

"जी महाराज।"

फिर वह बोले, "माला को ढाँप कर जप करना चाहिए और मन्त्र पूरा होने पर एक दाना खिसकाना चाहिए, दाना खिसकाने के लिए तर्जनी और कनिष्ठका का माला के दानों से स्पर्श नहीं होना चाहिए।"

फिर उन्होनें माला माँगी और दानों को खिसकाकर दिखाया कि किस प्रकार दोनों उँगलियाँ विरक्त रखनी हैं।

फिर वह कह पड़े, "घर में अपने पिता के आसन पर मत बैठना, उनकी माला का उपयोग भी नहीं करना...अपना आसन रखना और अपनी माला, जप करते समय

माला जप माली में रखना या किसी वस्त्र से ढाँपे रखना।''

फिर बोले महाराज, ''और सुनिये...साधन को गोपनीय अर्थात् गुप्त रखना चाहिए...जो अनुभव हों, उन्हें यत्र-तत्र-सर्वत्र नहीं कहना चाहिए।''

''ठीक है महाराज...मैं इन सब बातों का ध्यान रखूँगा...आपकी आज्ञा का अक्षरशः पालन करूँगा।''

मेरे इतने निवेदन पर श्री महाराज ने पुनः मुझे भरपूर दृष्टि से देखा और मुझसे डायरी माँग कर, कलम से उस पर एक मन्त्र लिख दिया, फिर डायरी मुझे लौटा दी और मन्त्र पढ़ने को कहा, मन्त्र मैंने सरलता से पढ़ दिया।

वह सन्तुष्ट हो गए और मुझे आदेश देते हुए कि उधर...वहाँ श्री गणपति विग्रह के सम्मुख बैठकर, पहले ग्यारह माला जप पूरा करूँ, तब घर जाना है और रात्रि में पुनः जप करना है।

''जी महाराज!'' कहकर मैं इंगित स्थल पर श्री गणपति विग्रह के सम्मुख बैठकर जप करने लगा।

मेरे लिए यह प्रथम अवसर था, जब मैं इस प्रकार किसी साधना सम्बन्धी क्रियाकलाप में हिस्सा ले रहा था।

लगभग डेढ़ घण्टे के पश्चात मेरा ग्यारह माला जप पूर्ण हुआ और मैं उठने की चेष्टा कर रहा था तभी लगा कि मैं खड़ा न हो सकूँगा, शायद गिर पड़ूँ, पैरों में झुनझुनी बड़ी तीव्र थी।

पुनः बैठ गया और अपने दोनों हाथों से दोनों पाँव रगड़ता रहा, संभवतः ब्लड सरक्यूलेशन प्रभावी हो गया था।

उठकर सहज हुआ तो श्री महाराज को दण्डवत करना चाहता था, सेवक ने रोक दिया और बताया कि अब स्वामी जी से कोई नहीं मिल सकता, वह अपनी साधना में हैं।

मैंने बाहर से प्रणाम निवेदन किया और रास्ते में यह सोचते हुए कि इस आयु में साधना का यह ओज...सोचते विचारते घर लौट आया।

सात

जब घर पहुँचा तो पिताजी प्रतीक्षा कर रहे थे, पहुँचकर चरण स्पर्श किया। हम दोनों अन्दर से बाहर आए तो पिताजी ने प्रश्न किया,

"स्वामी जी महाराज की कृपा हो गई?"

"जी पिताजी..."

मेरा उत्तर सुनकर वह प्रसन्नता से मुस्कराये, फिर कहने लगे, "मैं पूजन पर बैठने जा रहा था, फिर सोचा लाओ थोड़ी प्रतीक्षा कर लूँ, अब आ गए हो तो दीप आदि जलाकर, अपनी माता जी के पास ही बैठना...।"

"ठीक है...आप निश्चिन्त होकर पूजा पर बैठें, मैं सब कर लूँगा...पश्चात मुझे भी जप पर बैठना है।"

"ठीक है...अभी साढ़े छः बजे हैं, साढ़े आठ बजे तक मैं उठ जाऊँगा...तब तुम बैठ जाना...।"

"जी, ठीक है...।"

और मेरा उत्तर सुनकर पिताजी पूजा वाले कमरे में प्रवेश कर गए, मैंने दीप और मोमबत्तियाँ प्रज्वलित कीं, फिर उन्हें घर के अन्दर, बाहर और द्वार पर रखकर फुर्सत की और माँ के पास आकर बैठ गया, दवा लेने के लिए, उन्होंने जल माँगा, फिर दवा खा कर वह मुझसे बातें करने लगीं।

माँ से मैंने जिज्ञासा की, "आप आश्रम कितनी बार गई हैं...?"

"पचासों बार..."

"जब आश्रम जाती थीं तो स्वामी जी महाराज से भी मिलती रही होंगी... आपको कुछ साधना के सम्बन्ध में निर्देश महाराज से प्राप्त हुआ...?"

"पहले तो मैं बस, श्रोता होती थी, जो कुछ कहा जाता, उसे ध्यान से सुनती, उस पर चिन्तन मनन करती...सात-आठ वर्ष पूर्व...एक दिन मन में तीव्र वेग उठा, स्वामी जी का चरण स्पर्श कर जिज्ञासा की...तो उन्होंने ज़ोर से डाँटा...।"

स्वामी महाराज बोले, "हम महिलाओं से पैर नहीं छुआते, ...महिला हमारे लिए पूज्य हैं..., अब कभी ऐसा व्यवहार न करना।"

इतना सुना तो मैं गुमसुम बैठी रही, महाराज जो कुछ किसी से भी कहते, उसे सुनती थी! बस एक दिन तुम्हारे पिताजी साथ नहीं जा सके, मैं अकेले आश्रम पहुँची, स्वामी जी महाराज ने तुम्हारे पिताजी के विषय में पूछा तो मैंने कह दिया,

"आज दौरे पर गए हैं..."

"ठीक है, भविष्य में अकेले मत आना, जब आना साथ में आना।"

मैं कुछ समझ नहीं पा रही थी कि ऐसा कहने का क्या अर्थ है, इतना माँ से सुनकर मैं कह पड़ा, "तब तो आपको कोई उपदेश भी प्राप्त न हुआ होगा..."

"नहीं...नहीं...ऐसा नहीं है...स्वामी जी महाराज नियम और अनुशासन के मामले में बहुत कठोर हैं...परन्तु दया भी उनमें कूट-कूट कर भरी है...बहुत कृपालु भी हैं।"

मैं उत्सुकतावश पूछ पड़ा, "अच्छा...वह कैसे...?"

"उनकी स्मरण शक्ति बहुत विलक्षण है, एक दिन स्वयं उन्होंने पास बुलाया ...और उपदेश दिया, यह घटना उसी क्षण घटी, जब मैं विचार रही थी...कि संभवतः ...महाराज मुझ पर अपनी कृपा न करेंगे।"

"आश्चर्य..." मेरे मुँह से स्वर फूटा।

"और हाँ! आश्चर्य मुझे भी हुआ था भैया! जब महाराज ने उपदेश देने के पश्चात कहा था।"

"आज अक्षय तृतीया है, श्रेष्ठ पर्व काल होता है...सोच रही थीं...उपदेश प्राप्त ही न होगा, ...मन चंचल होता है...उसे थामे रहना चाहिए...और...सहजता से सब देखते रहना चाहिए...माई की इच्छा से ही सब होता है...हम सभी उसी की लीला के अंग हैं।"

मैं हाथ जोड़े सुनती रही, फिर स्वामी जी महाराज ने उपदेश प्रदान कर, आवश्यक निर्देश दिए।

हम माँ-बेटे बैठे वार्तालाप कर रहे थे, तभी द्वार पर कुछ शोर सुनाई पड़ा, मैं उठकर द्वार पर आकर खड़ा हो गया, कुछ क्षण के पश्चात भीड़ पड़ोस से होकर मेरे द्वार पर आ गई, भीड़ के मध्य दो व्यक्ति थे, एक ने गणेश का शृंगार कर रखा था और दूसरे ने लक्ष्मी का, यह दोनों द्वार-द्वार जाते और गृह स्वामी स्वेच्छा से खील-बताशे, मिष्टान्न और धन देते, यह ही, उसे सहेजते सँभालते और आगे बढ़ जाते।

यह अवसर पहली बार देखने का मिला था, जब ऐसा स्वाँग बनाकर, त्योहार पर आय के स्रोत ढूंढे और आजमाए जाने लगे थे।

लौट कर मैं पुनः माँ के पास आ बैठा, उन्होंने पूछा, "काहे की भीड़ थी भैया?"

"अरे माँ! कुछ नहीं...दो जन...गणेश और लक्ष्मी का रूप बनाकर, द्वार-द्वार पर वसूली कर रहे थे।"

"ऐसा नहीं कहते भैया! काहे की वसूली...लोग अपनी इच्छा से दे रहे होंगे।"

"सो तो ठीक है...पर यह क्या तरीका है?"

"अरे भैया! चोरी, डकैती और पाकेटमारी तो नहीं करते...?"

इतना माँ ने प्रतिक्रियास्वरूप उलाहने की स्वर में कहा।

इतना सुना तो मैं चुप हो गया, कुछ न बोलने में ही कल्याण समझा, कुछ समय के पश्चात पिताजी अपनी पूजा समाप्त करके उठे, भोजन को पूछा तो वह कह पड़े, तुम भी निपट लो साथ ही खायेंगे, अभी देर नहीं हुई।

इतनी वार्ता के पश्चात पिताजी माँ के पास बैठ गए और मैं अपनी माला उठाकर कमरे में चला गया, पिताजी का आसन लपेटकर एक ओर रखने के पश्चात अपना आसन बिछाया और सुखपूर्वक बैठकर जप करने लगा।

आरम्भ में कुछ देर तो सब ठीकठाक चला, पर कुछ देर के पश्चात मुझे अपने अन्दर गर्मी की अनुभूति होने लगी, पहले तो मैंने इसे महत्त्व नहीं दिया, परन्तु जब यह असह्य होने लगी तो मैं कुछ-कुछ विचलित होने लगा, माला रोककर कुछ देर व्याप्त स्थिति पर सोचता रहा, फिर कुछ देर बाद स्थिति सामान्य हो गई।

अब, मेरी दृष्टि कमरे पर गई, उसके पट बन्द थे, वायु के आगन का मार्ग अवरुद्ध होने के कारण, संभवतः गर्मी प्रभावी हुई, ऐसा मानकर आसन से उठ पड़ा और खिड़की के पट खोल दिए, पट खोलने से कुछ वायु प्रवेश तो हुई, इतने भर से निश्चित होकर पुनः जप में तल्लीन हो गया, आधा घण्टा पश्चात फिर वही स्थिति प्रभावी हो उठी।

माला डुलाने में बाधा पहुँच रही थी, जप फिर बन्द कर देना पड़ा, मेरा समग्र चिन्तन अनुभव में आ रही गर्मी को केन्द्र में रखकर प्रभावी हो चला।

मैं सोचने लगा, यह गर्मी पिताजी को भी प्रभावी तो अवश्य करती होगी, परन्तु उन्होंने कभी खिड़की के पट नहीं खोले, फिर मैं सोचता...क्या वह इस गर्मी को झेलने की सामर्थ्य रखते हैं...? या फिर इस गर्मी से निस्तार अथवा बचे रहने का कोई उपाय वह जानते हैं?

ऐसे और इस प्रकार के अनेकों तर्क मेरे मस्तिष्क पटल पर बार-बार उभरते रहे, और बैठकर जप करने में व्यवधान मान कर, अनिच्छापूर्वक जप से उठ जाने का मन बना लिया, कमरे से बाहर आकर, पिताजी का चरण स्पर्श किया तो बोले, "इतनी जल्दी उठ गए...जितना सोचा था उतना नहीं किया...?"

"आप ठीक कह रहे हैं, गर्मी शरीर के अन्दर इतनी प्रभावी हो जाती है कि जप साधे रहना कठिन हो जाता है...बस! इसी समस्या से त्रस्त होकर उठ गया।"

"अच्छा...समझा..." पिताजी ने कहा।

पिताजी के मुँह से यह वाक्य सुनकर मेरी जिज्ञासा तीव्र हो गई, मैं समझ गया कि पिताजी भी इस स्थिति के भुक्त भोगी हैं, परन्तु संभवतः कोई उपाय ऐसा है, जिसे वह ऐसी स्थिति उत्पन्न होने पर व्यवहार में लाते हैं और तब गर्मी का प्रभाव इन पर नहीं होता, और यह अपना जप पूरा कर लेते हैं।

जब मैं यह सब सोच रहा था तो मन में विचार आया कि पिताजी से पूछूँ

"ऐसी स्थिति आपके साथ भी तो होती होगी, जब यह स्थिति व्याप्त होती है...तब आप क्या उपाय करते हैं?"

कुछ देर तो यह प्रश्न मन में दबाए रहा, फिर बातचीत में सारी बात खोल कर कह दी, उन्होंने सुना तो बोले, "उचित होगा कि तुम स्वामी जी महाराज से इस स्थिति को बता कर, उनका निर्देश प्राप्त करो और तदनुरूप आचरण करो।"

मुझे पिताजी की बात वज़नदार लगी और निश्चय कर लिया कि महाराज से सारी स्थिति बताकर जो उपाय अथवा निराकरण वह बतायेंगे, ठीक वैसा ही करूँगा।

कुछ क्षण तक तो सब चुपचाप रहे, फिर माँ ने भोजन के लिए आवाज दी, भोजन तो पहले से ही तैयार था, सभी लोग भोजन कर विश्राम हेतु बिस्तर पर आकर लेट गए।

आठ

'वही होता है जो मंज़ूरे खुदा होता है', इस कहावत के पीछे अनुभव का व्यापक भण्डार न होता तो इस उक्ति के कहने वाले के यह शब्द भी उसकी भाँति मर गए होते।

परन्तु अनुभव किया जाता है कि अत्यधिक संख्या में लोग इस उक्ति में मनसा, वाचा और कर्मणा विश्वास करते हैं, केवल विश्वास ही नहीं करते, थक हार कर अपनी सोच इसी के अनुरूप परिष्कृत भी करते हैं।

खुदा अथवा ईश्वर को स्वीकार्य क्या है, वह ईश्वर को स्वीकार क्यों नहीं जो व्यक्ति सोचता है...? दोनों—ईश्वर और व्यक्ति की सोच के धरातल क्या हैं...? क्या यह समान न होकर असमान हैं...? ईश्वर की सोच और मनुष्य की सोच का अन्तर क्या है...? ऐसा क्यों है कि आदमी की सोच ईश्वर की सोच से जुदा और अलग हो जाती है?

यह कहावत तो युगों-युगों से पुश्त-दर-पुश्त और पीढ़ी-दर-पीढ़ी चलन में है, फिर इन प्रश्नों पर चिन्तन-मन्थन क्यों नहीं हुआ और यदि चिन्तन-मन्थन हुआ तो उसके निष्कर्ष क्या हैं...कितने सार्थक और व्यावहारिक हैं?

रात्रि में सोने से पूर्व एक पुस्तक पढ़ रहा था और उसके एक अध्याय में यह वाक्यांश, मस्तिष्क से चिपककर रह गया, पुस्तक तो बन्द करके सिरहाने रख दी और चिन्तन इस उक्ति से बँधकर रह गया, तर्क पर तर्क उँड़ेलता पर किसी नतीजे तक पहुँचने में असमर्थ हो, अजब उजलत अनुभव करता, यह तो भला हो तन्द्रा का, जिसने बचा ली मेरी बेबसी की लाज और मैं बिस्तर पर पड़कर खर्राटे भरने लगा।

प्रातः सो कर उठा तो कुछ भी स्मरण न था, अपने दैनिक रुटीन में उलझ गया, जब फुर्सत हुई तो पिताजी से कहा, आज आप यदि घर पर रहें तो मैं लायब्रेरी हो आऊँ, तीन-चार घण्टे का समय लग जाएगा।

पिताजी ने कहा, "पेंशन लेने जाना था...कल चला जाऊँगा, तुम अपना काम आज निपटा लो।"

आवश्यक फाइल और रजिस्टर लिया, साइकिल से पब्लिक लायब्रेरी के लिए चल पड़ा, सिविल लाइंस से गुजर रहा था, तीस नम्बर बंगले की ओर अनायास दृष्टि घूम गई, गेट पर वही सज्जन खड़े थे, जिनसे पार्क में मुलाकात हुई थी।

उन्होंने मुझे देखा और मैंने उन्हें, अन्दर से विश्वास उपजा, चूक नहीं हुई यह वही हैं जो मिले थे, साइकिल रोककर दोनों हाथ जोड़ दिए।

शायद वह खाली थे, कह पड़े, "आइये...आइये...यहीं रहता हूँ।"

मैं कुछ करीब पहुंचा, मुस्कराए और पूछ पड़े, "लॉन में बैठेंगे कि अन्दर...।"

मैंने अपनी स्थिति स्पष्ट करते हुए लायब्रेरी जाने की बात बतां दी, इतना सुनकर बोले, "अच्छा...अच्छा...हो आइये...कब लौटेंगे...?"

"यही कोई तीन साढ़े तीन घण्टे में..."

"ठीक है...आइयेगा...मैं इंतजार करूँगा।"

साधारण शिष्टाचार का पुनः निर्वहन हुआ और मैं लायब्रेरी के लिए चल पड़ा, लायब्रेरी पहुँचकर मैंने अपने मतलब की पुस्तकें निकलवाईं, उनके नोट्स बनाने में व्यस्त हो गया, देर तक व्यस्त रहा कार्य फिर भी पूरा नहीं हुआ, पुस्तकें समेट कर रख दीं और चपरासी से इन्हें उठा ले जाने के लिए कहकर, कलम और रजिस्टर थाम कर बाहर निकलने को था कि दरवाजे में प्रवेश करते प्रो. बसन्त कुमार दीख पड़े।

प्रो. बसन्त कुमार बड़े हँसमुख और सदैव प्रसन्नचित्त रहने वाले विरल जीव थे, उनके चेहरे पर कभी क्रोध की परछाईं झलकी हो, ऐसा अपने चार वर्ष के सम्पर्कस्थ विद्यार्थी जीवन में कभी नहीं देखा।

उन्हें प्रणाम निवेदन कर मैं पूछ बैठा, "सर! ठीक तो है...मेरा अभिप्राय स्वास्थ्य तो ठीक है।"

नाक का चश्मा ऊपर करते हुए उन्होंने कहा, "भली प्रकार देख रहे हो... प्रदूषण किस हद तक साँस में समाता जा रहा है, ऐसे में स्वस्थ रहना, बस! ऊपर वाले के रहम और करम पर है...कहो तुम कैसे हो...क्या कर रहे हो...?"

"कुछ कर नहीं रहा हूँ...खाली हूँ सर! अभी कहीं 'एडजस्ट' नहीं हुआ।"

"देखो जिद त्याग दो...समय मत गंवाओ...अच्छा एकेडेमिक कैरियर है...किसी भी डिग्री कालेज में लग सकते हो...कहीं लग जाओ तो भी हाथ-पैर मार सकते हो।"

"जी सर! ठीक कह रहे हैं..." कहकर शिष्टाचारवश, चुप खड़ा रहा, उन्होंने फिर कहा, "ठीक है कल शाम को मिलो..."

"जी सर!..." कहकर मैंने प्रणाम किया और लायब्रेरी से बाहर आ गया, स्टैण्ड से साइकिल ली और घर के लिए प्रस्थान कर चला, रास्ते में अभी सिविल लाइन्स पहुँचा था कि अज़्मत अली साहब का बंगला दिखाई पड़ा, सोचने लगा चलूँ कि न चलूँ, पर उत्सुकता ने प्रेरित किया और मैं अपने पर काबू न पा सका, उनके बंगले में प्रवेश कर गया।

बाहर कोई न था, कुछ देर तो ठिठका रहा, शायद कोई नौकर चाकर दीखे

तो पूँछू, पर कोई नजर नहीं आया, फिर सोचा जब अन्दर आ ही गया हूँ तो मिल ही लेना चाहिए।

इस विचार के प्रभावी होते साइकिल एक ओर खड़ी कर बैल पुश कर दी, अन्दर से डा. अज़्मत अली साहब बाहर बरामदे में तशरीफ लाए, बोले, ''इन्तजार भारी पड़ने लगा तो अन्दर आ गया था...अभी तक बाहर ही बैठा था...आओ...आओ ...वेलकम...।''

उनके कथन में अपनापन झलक रहा था, किसी प्रकार की बनावट का तो कोई प्रश्न ही न था, उनके पीछे-पीछे, ड्राइंग रूम में प्रवेश कर गया।

वह बैठ गए तो बोले, ''आखिर, खड़े क्यों हैं आप बैठिए...बैठ़िए...तक़ल्लुफ अच्छी चीज नहीं...इससे बचना चाहिए।''

मैं प्रभावित हुआ और उनके सम्मुख बैठ गया मेज पर दर्जनों फाइलें रखी थीं, टाइपराइटर था, मेग्नीफाईंग ग्लास और शीशे के एक जार में बहुत से पेन, उनके बाईं ओर एक मोटा रजिस्टर रखा था और उसके आसपास दो-तीन रजिस्टर और रखे थे।

पीछे दीवार के सहारे लोहे और लकड़ी की शीशा जड़ी अलमारियाँ रखी थीं, इनमें अंग्रेजी की भारी भरकम पुस्तकें थीं, मेरी दृष्टि कमरे पर पसरते फैलते अलमारियों पर आकर ठहर जाती।

उन्होंने रस्मन पूछा, ''क्या लोगे...?''

''जी कुछ नहीं...''

''कोई एतराज़ है...?''

''जी, मैं सिर्फ घर पर ही खाता-पीता हूँ, बाहर नहीं...।''

''ओह...सॉरी...।'' कहकर वह मुझे बड़े गौर से देखने लगे, उनके बाल और खसखसी दाढ़ी चेहरे का आकर्षण बढ़ा रही थी, मैं बैठा-बैठा उन्हीं के विषय में सोचता और अलमारी में रखी पुस्तकों के टाइटल पर दृष्टि गड़ा देता, मेरे अन्दर की उत्सुकता को भाँपते हुए, उन्होंने कहा, ''वह अलमारी जो उधर कोने में है, पूरी की पूरी ऑस्ट्रालोजी की किताबों से भरी है, इसमें संस्कृत, हिन्दी, उर्दू और अंग्रेजी के मूल्यवान और उम्दा ग्रन्थ हैं।''

फिर कुछ क्षण रुककर कहने लगे, ''दूसरी अलमारी में पामिस्ट्री और तीसरी में न्यूमियोरॉलॉजी पर ग्रन्थ हैं।''

''आप संस्कृत जानते हैं?'' पूछा मैंने।

''भाई! यह कोई अचरज की बात नहीं, न ही यह असंभव है, एक विद्वान पंडित जी ज्योतिषी थे, उन्हें ट्यूटर रखा था, एक हजार रुपया महीना देता था, दो साल में उन्होंने काफी कुछ पढ़ाया, बताया और सिखाया...फिर मैं स्वयं से रुचि और दिलचस्पी लेने लगा।''

इतना कहकर वह जोर से हँसे, फिर कुछ देर शान्त बैठे रहे, पश्चात उन्होंने बताया, ''यह तो जानते ही हो कि मुझे अज़्मत अली कहते हैं...इतना और जान लो मैं फिज़िक्स का विद्यार्थी था, एम.एस.सी. करके डाक्टरेट की और अलीगढ़ यूनिवर्सिटी में पढ़ाने लगा...।''

फिर उन्होंने मुझसे पूछा, ''अगर मैं सिग्रेट पिऊँ तो आपको कोई एतराज़...?''

''जी नहीं, आप पियें...मगर धुआँ उस तरफ...''

''ठीक फरमाया...आपने...'' कहकर उन्होंने जेब से सिग्रेट केस निकाला और मुँह में सिग्रेट फँसाकर, लाइटर की मदद से उसे लौ दिखा दी, दो-चार कश खींच कर, धुआँ दूसरी तरफ उड़ाते हुए कह पड़े, ''मेरी मुलाकात इत्तिफाकन एक ज्योतिषी से हो गई, वह केरल साइड का रहने वाला था।

''मेरी परेशानी, उसके नाम की चर्चा के कारण, उसके पास तक ले गई...मैंने बहुत संक्षेप में सतर्कता सहित अपनी बात रखी और उसने विस्तार से समाधान किया। मुझे जीवन में पहली बार इतना बड़ा आश्चर्य हुआ।

''...खैर...उस दिन उसकी फीस उसे दी और लगभग पन्द्रह दिन तक वह अलीगढ़ में ठहरा रहा और मैं करीब-करीब नित्य ही आता जाता रहा, उससे बहुत अच्छे सम्बन्ध स्थापित हो गए थे,...बस मिस्टर शिवलिंगम के कारण मेरा रुझान इस ओर मुड़ गया।''

''फिर...'' मैंने उत्सुकता से पूछा।

''फिर तो यह शौक जुनूँ की हद तक बढ़ता गया, मैं पढ़ता और पढ़ाता रहा, नौकरी और यह दोनों साथ-साथ...रिटायर हुआ तो यहाँ वतन चला आया, अब तक मैं पारंगत हो चुका था और इसे पेशा बना लिया।''

काफी समय तक हम दोनों बतियाते रहे और फिर मिलने के वायदे के साथ घर लौट आया।

नौ

जीवन में कठिनाइयों का अपना अलग विधान है, जीवनयापन करते, हर कोई कभी न कभी, इन कठिनाइयों के भँवर जाल में उलझकर रह जाता है और इस विचार के धरातल पर पहुँचते पहुँचते कि यदि कठिनाइयाँ न होती तो जीवन सरल और सुखद होता पर थम कर रह जाता है।

आगे बढ़ना भी चाहें तो कई अवरोध सम्मुख उपस्थित दीख पड़ते हैं, उनसे जूझे बिना आगे बढ़ पाना संभव नहीं, और जूझने की शक्ति और सामर्थ्य कठिनाइयों का विधान निगल लेता है, लील लेता है और जीवन का ओज धीरे-धीरे फुस होने जैसा प्रतीत होने लगता है।

माँ की हालत में जब तब सुधार के लक्षण दीख पड़ते और फिर अनायास लगने लगता कि स्थिति काबू से बाहर है, उनकी असह्य पीड़ा जब उभरकर चेहरे पर आती तो मुझे कुछ भी सुहाता न था, इसी चिन्ता से ग्रसित हो, पिताजी से डॉ. घोष को दिखाने की बात कही, पर वह सुनकर चुप रह गए, कुछ बोले नहीं।

कुछ-कुछ तो मैं भी समझता था कि इलाज और डाक्टर दोनों महँगे हैं, इतनी पेंशन की आमदनी में यह संभव नहीं, फिर भी बहुत हिम्मत जुटाकर पिताजी से एक दिन चर्चा की, तो उन्होंने मुझे समझाते हुए कहा, ''यदि धनाभाव न होता तो शायद जो सोच रहे हो, इसकी नौबत ही न आती...समस्या धन की है...''

''आप यदि उचित समझें तो गाँव की जमीन बेच कर इलाज कराया जा सकता है।''

''भैया! जमीन पुरखों की अमानत है...उससे भावनात्मक सम्बन्ध जुड़े हैं... मैं तो कब का यह कर चुका होता...पर...तुम्हारी माता के कारण नहीं हुआ...तुम बात कर के देख लो...।''

''ठीक है...मैं बात करूँगा...''

पिताजी से इतना कहकर मैं अवसर की तलाश करने लगा, एक दिन माँ की तबीयत अधिक खराब हो गई, उन्हें लेकर डॉ. घोष के नर्सिंग होम दौड़ना पड़ा।

डॉ. घोष ने देखा, कुछ पूछा फिर अपनी तसल्ली के लिए आवश्यक टैस्ट कराए, शाम को टैस्ट रिपोर्ट के साथ मैं और पिताजी डॉ. घोष से मिले, उन्होंने रिपोर्ट देखकर कहा, ''रिपोर्ट तो सब नार्मल है...फिर तकलीफ की वजह क्या है...?''

हम पिता पुत्र चुप रहे, डॉ. घोष ने राय दी कि अभी तीन दिन 'सुपरविज़न'

में छोड़ दीजिए, इतना सुना तो पिताजी मेरी ओर देखने लगे, हम दोनों में सहमति बन गई। माँ को नर्सिंग होम में भरती करा कर, उधार के लौटे आठ हजार रुपयों में से दो हजार जमा कर दिए और वापस घर आ गए।

भोजन से निवृत्त हो कर पिताजी नर्सिंग होम चले गए और मैं घर पर ही रह गया।

मन व्याकुल हो उठता रह-रहकर, माँ के विषय में मेरी चिन्ता अधिक थी, बहुत-सी शंकायें और दुश्चितायें मन में बवण्डर की भाँति उमड़ने-घुमड़ने लगी थीं, तबीयत किसी भी प्रकार काबू में आ नहीं रही थी।

असहज हो, अनायास उठ खड़ा हुआ, द्वार पर ताला लगाया और डॉ. अज़्मत अली के यहाँ पहुँच गया।

मुझे देखा तो बोले, "आओ...आओ...कैसे आए?"

मैं चुप गुमसुम रहा, कोई उत्तर नहीं फूटा, उन्होंने फिर पूछा, "बताओ तो माजरा क्या है...अल्लाह करे...खैरियत तो है...?"

मैं अपने पर काबू न रख सका और मेरे नेत्र छलछला आये, उन्होंने कुर्सी से उठकर ढाढस बँधाया, सान्त्वना के बहुत शब्द कहे, फिर धीरे-धीरे मैं अपनी सारी स्थिति कह गुजरा...कुछ रुक कर पूछा पड़ा, "आपके ज्योतिष से माँ के सम्बन्ध में किसी समाधान की आशा की जा सकती है?"

"हाँ! हाँ!! क्यों नहीं..."

फिर वह कहने लगे..., 'ज्योतिष गणना का विषय है, जन्म कालीन ग्रहों के आधार पर नतीजे निकाले जा सकते हैं।"

"तो उसके लिए क्या करना होगा...?" पूछा मैंने तो उन्होंने उत्तर में बताया।

"जन्म समय, जन्म तारीख और जन्म स्थान की आवश्यकता पड़ती है, तब कुण्डली बनाकर विश्लेषण किया जाता है।"

"यह तो संभव नहीं।" मेरा उत्तर सुन कर डॉ. अज़्मत अली कुछ क्षण चुप रहे, फिर उन्होंने पूछा, "इस समय क्या बजा है...?"

दीवार की घड़ी देखकर मैंने संकेत करते हुए बताया, "दोपहर के ढाई बजे हैं।"

"आपको आए कितना समय हुआ होगा..?" उन्होंने पूछा।

"यही कोई आठ-दस मिनट..."

"ठीक है, दो बजकर बीस मिनट पर प्रश्न कुण्डली बनाकर देखते हैं।"

इतना कहकर उन्होंने मोटा रजिस्टर खोला, उसमें एक सादे पन्ने पर नाम, समय आदि नोट किया और कुछ गणित पंचाग की सहायता से करते रहे, फिर उन्होंने एक वर्ग की रचना की, इसके छोरों को आरपार मिलाया, फिर इनके अर्द्ध बिन्दु से चार रेखायें खींची और उसे बारह खानों में बाँट कर उसमें ग्रहों की स्थिति पंचांग

से मिलान कर बैठाई, अब वह चक्र को ध्यानपूर्वक देखने में तल्लीन हो गए, मैं चुपचाप बैठा देखता रहा।

मेरे सामने ही वह सब कुछ कर रहे थे, परन्तु मेरी समझ से सब कुछ बाहर था, सब्र का दामन थामे सिर्फ दर्शक था, कुछ देर पश्चात परिणाम जानने के लिए अधीर होकर मैंने पूछा, "डॉ. साहब मेरे लिए तो यह ज्ञान और विद्या दोनों अज्ञान तिमिर से आच्छादित हैं...आप कृपया बतावें ...क्या निष्कर्ष है...?"

डॉ. अज़्मत अली ने जो उत्तर में कहा, वह इतना भर था—

"आपकी माँ को अभी ढाई महीने और कष्ट झेलना है, उनके पेट में रोग का कारण स्पष्ट होता है...लगता है आप्रेशन के बाद ठीक हों जायेंगी।"

मैं इतना सुनकर भी समझ नहीं सका, पिताजी के आने का समय हो रहा था और मेरी ड्यूटी पिताजी के आने के बाद नर्सिंग होम में माँ के पास थी, लौटकर घर आया, आवश्यक सामान लेकर नर्सिंग होम पहुँचा, पिताजी वहाँ से घर के लिए वापस हुए और मैं माँ के पास बैठ गया।

डॉ. अज़्मत अली से प्राप्त निष्कर्षों पर धीरे-धीरे माँ से भोजन, पाचन, अपच, गैस (एसिडीटी) और दर्द आदि के सम्बन्ध में तथ्य जुटाने में बेसिर-पैर का यत्न साधता रहा।

तीन घण्टे बाद जब पिताजी लौट कर आए तो मैंने सारा वृत्तान्त कह सुनाया, उन्होंने भी माँ से बात कर पेट छू और दबाकर दर्द के सम्बन्ध में पूरी जानकारी ली, फिर हम लोग डॉ. घोष के पास गए।

डॉ. घोष से सारी बातें बताईं, वह सुलझे हुए और समझदार तथा तजर्बेकार व्यक्ति लगे, उन्होंने मेरी जबानी सारी दास्तान को ध्यान से सुनने के बाद पिताजी को भी गौर से सुना, इसके बाद उन्होंने फाइल मँगवाई और उसे खोल कर रखकर हमारे सामने बोले, "मुझे भी शक था और आज ही मैंने यह नोट लिखा है, पढ़ लें...अब कल इनका अल्ट्रासाउण्ड और दूसरे टैस्ट होंगे...मैं आपके ज्योतिषी मित्र से सहमत हूँ।"

अगले दिन माँ का अल्ट्रसाउण्ड और विविध टैस्ट हुए, ट्यूमर रिपोर्ट में साफ़-साफ़ बताया गया था।

मरीज़ को आवश्यक हिदायत देकर उन्हें साढ़े तीन हजार रुपये जमा करने को कहा, पिताजी ने अगले दिन रकम जमा कर दी, मंगलवार को दो दिन पश्चात आप्रेशन हो गया।

कमजोरी दूर करने के लिए ब्लड और ग्लूकोज चढ़ा, आवश्यक इन्जैक्शन भी लगते रहे, दस दिन के पश्चात नर्सिंग होम से डिसचार्ज हो माँ घर चली आई, अब पहले से बहुत आराम में हैं।

दस

माँ की अस्वस्थता और नर्सिंग होम तक की दौड़धूप में, तीन से चार सप्ताह का समय व्यतीत हो गया था, चाहकर भी नित्य नियम सुचारु रूप से प्रभावी नहीं रह सका, महाराज के आश्रम तक जा पाना भी संभव नहीं बन पड़ा, अभिलाषा निरन्तर बाधित होती रही और मैं इसे ईश्वरीय इच्छा के अतिरिक्त कुछ और नहीं सोच पाता था।

अस्वाद उपजता तो येन केन प्रकारेण, उसे पचाने और उस पर काबू पाने का प्रयास करता, संभवतः पिताजी की स्थिति भी मेरी जैसी हो रही हो, मानसिक तौर पर उनका जुड़ाव उन्हें इस स्थिति से उबारने में शायद सहायक था, पर मैं तो अभी नया-नया प्रवेशार्थी था, मेरे लिए उनकी तुलना में स्थिति गंभीर थी।

माँ का आप्रेशन हुए दो माह से कुछ अधिक समय गुजर चुका था, अब वह चल फिर सकती थीं, बहुत रोकने पर भी घर-गृहस्थी के छोटे-मोटे कार्य करने लगी थीं।

हम दोनों पिता पुत्र उन्हें स्वस्थ देखकर मन ही मन हर्षित थे, एक दिन ऐसे ही चर्चा में माताजी के संदर्भ में अपनी चिन्ता का जिक्र करते हुए, डॉ. अज़्मत अली के ज्ञान और उनके भविष्य कथन की सारी गाथा सुना गया।

यह सब जानकर माँ को तनिक आश्चर्य हुआ पर पिताजी को नहीं, उन्होंने सिर्फ इतना स्वीकारा कि संकेत तो उन्हें भी प्राप्त हुए थे, परन्तु अल्पज्ञ होने के कारण वह साधना के इस पक्ष को समझ-बूझ नहीं सके।

फिर चर्चा इस बिन्दु पर आकर थम गई कि माताजी को साथ लेकर स्वामी जी महाराज के आश्रम चला जाए और उनसे अपनी बात बता दी जाए।

निश्चय के अनुसार, एक इक्के पर मैं, माँ और पिताजी, ढाई बजे घर से चले, तीन बजे हम लोग आश्रम पर पहुँच चुके थे, इक्के वाले को रुके रहने का संकेत कर, हम सभी आश्रम में प्रवेश कर गए।

स्वामी जी महाराज एकान्त में बैठे थे, अभी भक्तों की आवाजाही आरम्भ नहीं हुई थी, हम सबने श्री चरणों में प्रणाम निवेदन किया, महाराज पूछ पड़े, ''कहीं बाहर गए थे...इधर लम्बी गैर हाज़िरी हो गई।''

''जी महाराज! पत्नी की अस्वस्थता के कारण उसी में उलझे रहे...आप्रेशन हुआ...इसी कारण आ नहीं सके।''

पिताजी ने इतना कहा तो महाराज ने माँ से पूछा, "अच्छा...अच्छा...अब ठीक हो..., अब स्वस्थ रहोगी...ट्यूमर निकल गया।"

माँ ने सिर पर आँचल ठीक किया और भूमि पर सिर रखकर, महाराज को प्रणाम किया, "जाओ...वहाँ माई का दर्शन करो...वहीं बैठो और...उनका स्मरण करो।"

महाराज के इतना कहने पर हम लोग भी माँ के साथ उठने को हुए तो महाराज ने रोकते हुए कहा, "उन्हें जाने दो...आप दोनों बैठें...हाँ! अब कहो...।"

"कुछ कहना नहीं है महाराज! आप सब जानते हैं..." पिताजी ने कहा।

फिर कुछ देर तक शान्त भाव से मेरी ओर निहारते हुए बोले, "चिकित्सा पद्धति विज्ञान सम्मत पद्धति है, यह रोग निदान की एक विद्या है...ज्योतिष भी विज्ञान है. ..विज्ञान इस अर्थ में भी कि जिसका ज्ञान नहीं है और उसे अनुभव अर्थात् प्रयोग से प्रत्यक्ष कर हम स्वीकारते हैं, अभिप्राय है कि वह ज्ञान परोक्ष रूप से गुंफित है, उसे प्रकट करना है, इस प्रकार ज्ञान में लाना सैद्धान्तिक विज्ञान है।"

"जी महाराज ठीक है।"

मेरे इतना कहने पर महाराज फिर बोले, "ज्ञान पर किसी का एकाधिकार नहीं, वह जिज्ञासा, प्रयास और परिश्रम से जुड़ी स्थिति है...स्त्री, पुरुष, ऊँच, नीच, जाति भेद और इस प्रकार की दूसरी बातों को कोई मतलब नहीं...हिन्दू, मुसलमान, सिक्ख, ईाई...कोई भी परिश्रमपूर्वक लगने के साथ ज्ञान की किसी भी शाखा अथवा विद्या में पारंगत हो सकता है।"

मैं सब समझ गया था, मैंने निवेदन किया कि कुछ कहने की अनुमति प्रदान करें, उन्होंने किंचित रोष में कहा, "हम जानते हैं...अच्छा! फिर भी तुम कहो...इससे तुम्हें सन्तोष प्राप्त होगा।"

और मैं संक्षेप में सारी बात कह गया कि किस प्रकार हताशा और निराशा को ढोते हुए, डॉ. अज़्मत अली से मिला।

कुछ देर खामोशी छाई रही, कोई कुछ नहीं बोला, महाराज ने देखा, आश्रम में लोगों का प्रवेश आरम्भ हो गया था। उन्होंने हमसे कहा, "जाओ, दर्शन कर लो और कुछ समय बैठ कर जप कर लो, फिर जो छूट गया है, उसे थोड़ा करके पूरा कर लेना, जाओ...जल्दी करो...घोड़ी भूखी है।"

हमने निर्देश का पालन किया, पैंतालिस मिनट के पश्चात जब मन्दिर से प्रस्थान करते समय, पुनः महाराज को प्रणाम करने के उद्देश्य से जब सम्मुख उपस्थित हुए तो अनायास मेरे मुँह से निकल गया।

"महाराज! ज्योतिष के प्रति आकर्षण अनुभव करता हूँ...आज्ञा दें तो इस दिशा में प्रयास करूँ।"

महाराज ने मेरा निवेदन सुनकर कहा, "देखो...जिनके कारण आकर्षण अनुभव में आया है...वह ही यदि कुछ बतावें तो ज्यादा ठीक रहेगा।"

"आपके आशीर्वाद की प्रार्थना है।"

मेरे इस कथन निवेदन पर महाराज ने कहा, "प्रयास करना चाहिए।"

महाराज की ओर से इसे आशीर्वाद मानकर और श्रद्धापूर्वक प्रणाम कर बाहर आए।

हम सभी इक्के पर सवार हो घर के लिए लौट पड़े।

ग्यारह

आज प्रातः के समाचार पत्रों में प्रदेश भर में जगह-जगह विशेष बन्दोबस्त और सैनिक तथा अर्द्ध सैनिक बल की तैनाती के समाचार छोटे और बड़े रूप में थोड़ा-बहुत सभी पृष्ठों पर जगह घेरे हुए थे।

अयोध्या में विवादित ढाँचे के ढाए जाने की घटना को कुछ संगठन शौर्य दिवस के रूप में मनाने के लिए प्रयासरत थे तो इस क्रिया की प्रतिक्रिया स्वरूप कुछ अन्य संगठन इसे शोक दिवस के रूप में मनाने को तत्पर थे।

शासन की ओर से प्रयास यह था कि अमन और शान्ति बहाल रहे, कोई अप्रिय घटना न घटे, इसी विचार को दृष्टिगत रखकर सारा बन्दोबस्त और निषेधाज्ञा लागू थी।

अयोध्या के सम्बन्ध में रिपोर्ट विस्तार से प्रकाशित हुई थी, मैं पूरी तन्मयता से साँस थामे रिपोर्ट पढ़ गया। प्रतिवर्ष ऐसी ही रिपोर्ट छपती और ढेरों आशंकाओं और दुश्चिन्ताओं की धूल उड़ाती, परन्तु प्रातः से संध्या तक सब शान्त रहता, कोई घटना ऐसी नहीं घटती थी, जिसका भयपोषक उल्लेख समाचार पत्र अपनी बिक्री बढ़ाने के उद्देश्य से करते।

मेरे मोहल्ले से जहाँ मेरा घर था, अयोध्या की दूरी साढ़े तीन कि.मी. थी, प्रतिवर्ष यहाँ पंगा लिया जाता था और हर वर्ष चाह कर भी इस दिन अयोध्या नहीं जा पाता था।

अयोध्या के प्रति मन में जो भाव था, वह तो खैर अलग बात है, उसकी चर्चा के कई कोण हैं, कभी अवसर सुलभ हो संयोग बने तो पैनी दृष्टि से घूम फिर कर स्वयं से निष्कर्ष प्राप्त करना अधिक उचित और श्रेयस्कर होगा।

परन्तु उस दिन की नूराकुश्ती की खींच तान देखने हेतु मन में ऐंठन और मस्तिष्क में कुलबुलाहट अवश्य उपजती थी, परन्तु जब चलने को होता तो शंकाओं के बादल मँडराने लगते और भाव आता कि "कहीं ऐसा न हो जाए...कहीं वैसा न हो जाए..." और बस, इस विचार की तीव्रता के कारण जाने का विचार स्थगित कर देता।

विगत बारह वर्षों से इन तारीखों के आस-पास दोनों पक्ष धूम धड़ाके से, अपने-अपने वक्तव्य प्रकाशित करवाते और हम प्रति वर्ष फ्लाप शो की चटखारेदार चर्चा अगले दिन सुनते, कभी-कभार वास्तविकता को अपनी दृष्टि से अगले दिन

जा कर देखते और लौट आते।

पर न जाने क्यों आज मन अयोध्या के लिए अधीर हो रहा था, एक दो बार तो टालने का यत्न भी किया, परन्तु जब भाव की उष्णता खौलने लगी तो जाने का निश्चय कर ही लिया।

दोपहर के एक बजे निर्विकार मनःस्थिति के साथ अयोध्या पहुँचा, सड़कों पर सामान्य आवागमन था, किसी प्रकार की कोई रेलपेल नहीं दिखी, न झण्डा, न बैनर, न रोड शो और न रोड मार्च, ऐसा कुछ भी नहीं दिखा जो अयोध्या के रूप को उतना विद्रूप प्रदर्शित कर रहा होता, जितना आज से बारह वर्ष पूर्व, इस दिन देखा और अनुभव किया जा सकता था।

सब कुछ सामान्य लग रहा था, सरयू के किनारे घाट पर वही रंग और तामझाम, यात्री स्नान का आनन्द लेते, पुण्य सहेजते और पण्डे झण्डा, डण्डा और गाय बछिया के साथ, यजमानों को रटे-रटाये श्लोकों से तिलक करते, गोदान करवाते, दान दक्षिणा बटोरते और कम होने पर लड़ते-झगड़ते...चाय, पकौड़ी, लइया, इलायची दाना बेचने वाले सब मस्त अपने-अपने व्यवसाय में जी जान से जुटे थे।

सरयू की लहरों पर नाव हिलोरें ले रही थीं और पर्यटक अथवा यात्री नाव विहार का आनन्द ले रहे थे। यह दृश्य देखा तो पुल के समीप घाट के निकट पहुँचकर चाय की एक स्टाल पर बैठ गया और एक कुल्हड़ चाय लेकर पीने लगा।

मेरी बगल में दो महिलायें और पुरुष भी बैठे चाय का लुत्फ ले रहे थे, मुझे यह यात्री लगे, वह परस्पर बातें कर रहे थे।

"यहाँ तो पूरा अमन चैन है...पर समाचार पत्र पढ़ो तो लगता है पता नहीं क्या हो जाएगा...?"

महिला के यह शब्द मेरे कान में पहुँच रहे थे कि अधेड़ उम्र के पुरुष ने कहा, "तुम लोग तो डर के मारे आना ही नहीं चाह रहे थे...अब अपनी आँख से देख लो...सच्चाई क्या है?"

दूसरी महिला जो चाय खत्म कर चुकी थी, वार्ता में अपनी भागीदारी निभाते हुए कह पड़ी, "समाचार पत्रों में यह राजनेता, इतना होहल्ला मचा कर, अपनी-अपनी राजनीतिक दुकान चलाते हैं, भला इस प्रकार के बतंगड़ से जनता का क्या कल्याण गत बारह वर्षों में हुआ...?"

दूसरा पुरुष यात्री जो चाय की चुस्की के साथ समाचार पत्र पढ़ रहा था, अपने हाथ का अखबार महिला की ओर बढ़ाते हुए, उस स्थल पर उँगली से इंगित करते हुए बोला, "लो पढ़ लो...कल्याण की बात भी खूब कही, वह अब...कह रहे हैं...हमने जो कुछ तब कहा...सब क्रोध के वशीभूत हो कर कहा।"

महिला ने समाचार पत्र थामा, चश्मा ठीक किया और पढ़ने के बाद कहने लगी, "वाह, बहुत खूब! जनता को कितना मूर्ख समझते हैं यह लोग, अरे जब इतना

कहा तो यह भी नहीं सोचा कि क्रोध घृणा से उपजता है,...यह भी बता देते कि इस क्रोध के पीछे घृणा उन्हें किससे थी, अपने नेताओं से अथवा शेष रह गए विध्वंस से...?"

बात सौटंच मार्के की थी, मैं कान दे बैठा था और इस उम्मीद में कि संभवतः चर्चा और आगे बढ़ेगी, बैठा रहा, परन्तु दोनों महिलायें उठ खड़ी हुईं और पुरुष भी, अपना-अपना बैग, कन्धे पर टाँग कर, चाय के दाम चुकता कर सब आगे बढ़ गए।

मेरे लिए यह वक्तव्य विचार पूर्ण हो कर रह गया। मैं बैठा सोचने लगा.. .फिर मन में विचार आया, सब राजनीतिक कला कौशल है, जनता से कुछ लेना-देना नहीं और न ही उनकी ज्वलन्त समस्याओं से सरोकार है, यही यदि होता तो अनायास इस समस्या को इतना तूल दे कर राजनीति की रोटियाँ न सेंकी जा रही होतीं।

उठते-उठते मन्दिर, मस्जिद और राजनीति का एक त्रिभुज मेरे मस्तिष्क पर उभर आया, कभी मैं मन्दिर के विषय में सोचता, कभी मस्जिद के विषय में और कभी इससे जुड़ी राजनीति के संदर्भ में, सोचते-विचारते मैं उठ खड़ा हुआ, मेरे खड़े हो जाने पर, दुकान वाले ने मुझे शेष पैसे लौटाए और पैसे सँभाल कर मैं वापस मुड़ चला।

चलते-चलते जाने क्या सूझा, दाहिनी ओर तुलसी उद्यान था, इस उद्यान में तुलसी दास का संगमरमर का भव्य विग्रह स्थापित है, लान में हरी घास की छटा मन भावन लगी, कह नहीं सकता कि उस हरियाली ने आकर्षित किया था या तुलसी बाबा के विग्रह ने...

उद्यान के अन्दर प्रवेश कर गया, हरी घास के लान पर बैठ गया, मेरी दृष्टि एकटक उस विग्रह पर स्थिर हो कर रह गई...धीरे-धीरे विचार मद्धिम पड़ने लगे, जैसे सारा द्वन्द्व पंख लगाकर उड़ने लगे, मुझे लगा, तुलसी बाबा का वह विग्रह भी अपनी पूरी एकाग्रता और तन्मयता से मुझे निहारे जा रहा है।

मैं इस दृश्य में गहरे-गहरे डूबता जा रहा था, फिर लगा, जैसे तुलसी बाबा अपने स्थान से हिले हों...वह धीरे-धीरे, मन्थर गति से मेरे पास आए, मैं जैसे उठ कर खड़ा हो गया, प्रणाम अर्पित कर मैं उन्हें अपने बहुत निकट देख रहा था।

सहसा ध्वनी कानों में गूँजी, जैसे बाबा कह रहे हैं–

"राम तो आत्मा में रमण करते हैं...

रमते सर्वभूतेषु स्थारेषु च।
अन्तरात्मा स्वरूपेण यच्च समेति कथ्येत।।

वही उनका ठौर है।"

इतना बोध होते ही मैं जैसे हिल गया, रोमांच प्रभावी हो गया, स्थिर न रह सका, लगा तुलसी बाबा इतना कहकर अपने विग्रह में जा कर पुनः समा गए।

अब मैं बैठ गया, खड़ा रह पाने की ताब मुझमें नहीं थी, विचार के ठहरे पानी

में जैसे किसी ने कंकड़ फेंक दिया हो, बाबा की उक्ति ऐसी ही भासित होने लगी।

हरी घास के लान पर पसर गया, पड़े-पड़े सोचने लगा, राम मन्दिर में पैदा हुए थे कि राजा दशरथ के महल में...फिर क्या पता राजा दशरथ का महल उस समय कहाँ था।

अब इसका प्रमाण न तो दशरथ महाराज आकर देने वाले हैं और न माता कौशल्या जिन्होंने श्रीराम को जन्म दिया, तब यह कैसे निश्चय हो...?

चलो यदि यहीं था, जहाँ भूमि बखानी जाती है तो जिन्होंने इससे छेड़छाड़ की, उनके द्वारा यह करना कितना न्यायोचित था?

फिर उन्होंने जो किया और उसे दूसरा नाम रूप दिया, और पश्चात उस नाम रूप के साथ जो हुआ...वह सब कितना उचित था, यदि दोनों ही कर्म अनुचित कर्म की श्रेणी में आते हैं तो धर्म इसमें कहाँ है?

धर्म पर भी फिसलन प्रभावी देखी जा सकती है, जब तर्क वजन खोने लगते हैं तो आस्था का दुपट्टा ओढ़ कर रंग रचने और भरने की कसरत जोर शोर से शुरू होने लगती है।

यह आस्था भी केवल इसी एक संदर्भ से जोड़कर क्यों देखी और प्रचारित की जाती है, आस्था तो प्रकृति का नैसर्गिक गुण है वह सभी ओर प्रभावी होनी चाहिए, निर्धन, निःसहाय, अपंग, लुट रहे और लूटे जा रहे, बाल, अबला, वृद्ध और उदारतापूर्वक उस सबसे जोड़कर तौली, देखी जानी और स्वीकार तथा मानी जानी चाहिए जो मानवीय हो, जिसमें मानवता का बोध हो...

सोचते, सोचते नेत्रों के सामने अँधेरा छाने लगा, सचमुच अँधेरा हो भी रहा था, काफी समय बीत गया था, विचार की दृष्टि से रौशनी की तलाश थी और मैं तुलसी उद्यान से उस संध्या रौशनी के लिए उठकर खड़ा हो गया।

गहरे आस्वाद की गंध से मस्तिष्क फटा जा रहा था...तेज़ तेज़ पग भरता घर की ओर चल पड़ा।

मुझे अचानक अपनी माँ की याद आ गई, घर पहुँचकर लगा, जैसे माँ ने मुझे अपने आँचल में ढाँपते हुए कहा, "भैया! कहाँ चले गए थे, मैं कब से दीया जलाए बैठी हूँ...आओ भोजन कर लो।"

बारह

जब सारा खेल ही प्रारब्ध का है तो प्रयास और परिश्रम की उपादेयता और सार्थकता ही क्या और कितनी है?

कोई पन्द्रह-बीस दिन पहले की डॉ. अज़्मत अली से हुई मुलाकात उनका ज्योतिषीय और हस्तरेखा विश्लेषण के पश्चात मेरे विषय में कही गई बातें और आश्रम में हुई चर्चा दोनों मेरे मन मस्तिष्क पर इतनी प्रभावी थीं कि मैं कुछ सोच समझकर किसी निष्कर्ष को अपना पाने की जुगत में सर्वथा असफल सिद्ध हो रहा था।

देर तक यह विचार प्रभावी रहा, फिर सोचा रात क्यों हराम की जाए और नींद की गोली लेकर, सारी रात चैन से खर्राटे भरता रहा। प्रातः बिस्तर से उठा तो जैसे सब ताजा हो उठा, पुनः खिन्नता ने अपने बाहुपाश में जकड़ने की चेष्टा की, इससे कतराने और भागने की जुगत भिड़ाता रहा, फिर अनिच्छा ओढ़े-ओढ़े लायब्रेरी जाने का मन बनाने लगा, तैयार हो गया तो घर में माँ को बताकर लायब्रेरी चला गया।

लायब्रेरी पहुँचकर अपना रजिस्टर और कलम आदि एक ओर रखकर, कुछ पुस्तकों की सूची लायब्रेरियन के सम्मुख रख दी, उन्होंने संकेत में प्रतीक्षा करने को कहा, और बोले अभी वह पुस्तकें छँटवा कर पहुँचवा देंगे।

लौट कर अपनी सीट पर आ गया, खाली बैठा पुस्तकों की प्रतीक्षा कर रहा था, तभी दरवाजे की ओर मेरी दृष्टि घूमी, दूर से कमलेश्वर को आते हुए देखा।

इधर तीन-चार सप्ताह से अधिक हो गया था, कमलेश्वर से भेंट नहीं हुई थी, संभवतः बाहर से उसने मुझे देख लिया था।

वह सीधा मेरे पास आकर बैठ गया और कहने लगा, "घर होकर आ रहा हूँ... ।"

"क्यों...खैरियत तो है...?"

"हाँ...हाँ...खैरियत है।"

"यहाँ...क्या कर रहे हो...चलो घर... ।"

"घर ही से तो अभी आ रहा हूँ... ।"

"अरे...मेरे घर चलो... ।"

"कोई खास बात है...इससे पहले तो कभी घर चलने को कहा नहीं... ।"

"क्यों कहता...दोस्त हो...तुम्हारे लिए कोई पाबन्दी है क्या...?"

इतना कमलेश्वर से सुना तो हँसते हुए कह पड़ा, "पाबन्दी होती तो आज बुलाने आते?"

"अच्छा देर न करो उठो..."

"ठहरो! पहले किताबों के लिए रोक दूँ।"

"ठीक है...रोक दो...देर न करो...जल्दी है...।"

लायब्रेरियन से पुस्तकें न भेजने के विषय में बताकर अपना रजिस्टर और कलम सँभाला और कमलेश्वर के साथ हो लिया, मार्ग में कोई चर्चा नहीं हुई।

पार्क रोड पर पहला चौराहा क्रास कर दाहिने घूमने पर मोड़ से लगा, कमलेश्वर का मकान था, काफी खुला हाता एक बाउण्डरी वाल से घिरा था, सड़क की तरफ़ एक बड़ा गेट था, इसी गेट से होकर हम दोनों अन्दर पहुंचे, कमलेश्वर ने स्कूटर रोका और मैं उतर गया, स्कूटर ले जा कर एक ओर खड़ा किया और लौट कर मेरे पास आया।

हम दोनों साथ-साथ कमरे की ओर बढ़ गए, कमरे में आठ-दस स्त्री-पुरुष बैठे थे, मेरी समझ में कुछ भी नहीं आ रहा था, अन्दर दुष्यन्त को बैठे देखा और उसी ओर बढ़ गया।

दुष्यन्त बहुत गुरु और गंभीर स्वभाव का धनी व्यक्ति है, वह अपनी पत्नी के साथ उपस्थित था, किसी औपचारिकता की गुंजाइश न थी, उसी के पास बैठ गया और हालचाल होने लगा, मैं पूछ बैठा, "माजरा क्या है...?"

"तुम्हें मालूम नहीं...?"

"नहीं..."

"तो अभी इन्तज़ार करो..."

"क्यों...?" फिर पूछा मैंने।

"मुझे भी मालूम नहीं..." कहा दुष्यन्त ने।

बात विचित्र लगी कि कम्बख्त ने बताया कुछ भी नहीं और दिमाग है कि सौ फितने उबाले जा रहा था, दुष्यन्त की पत्नी ने मेरा चेहरा भाँपते हुए कहा, "भाई साहब! परेशान न हों, जो होगा, अभी सब पता चल जाएगा।"

और जब तक जलपान आदि आने लगा, कमलेश्वर का परिवार भी इसी हुजूम में आकर शामिल हो गया, मैं दुष्यन्त के साथ बातें करता रहा।

मेरे पीछे कोई मेरा नाम लेकर फुसफुसा रहा था, मेरा ध्यान बराबर उधर जाता, परन्तु इस पर घूर कर उधर तवज्जो देना उचित नहीं था।

कुछ देर बाद पता चला कि कमलेश्वर की सगाई की रस्म है।

अब मैं, दुष्यन्त और उसकी पत्नी सभी बुलाकर कमलेश्वर के परिवार के साथ बैठा लिए गए, कमलेश्वर के पिताजी से परिचय था, सो उन्हें प्रणाम कर मैं बैठ गया, फिर उन्होंने स्वयं मेरा नाम लिया और अपनी पत्नी और बेटी से परिचय कराया।

दुष्यन्त से जब इस प्रकार की वज़ादारी का निर्वाह नहीं हुआ तो मैं समझ गया कि दुष्यन्त और उसकी पत्नी से परिवार का परिचय है, क्योंकि दोनों थोड़ी-सी दूरी पर ही निवास करते थे।

वहाँ का माहौल दूसरा था, चाय पानी से निवृत्त हो रस्म पूरी कर लड़की वाले वापस हो गए, कुछ एक रिश्तेदार, मैं, दुष्यन्त और उसकी पत्नी बैठे रहे, मैंने कुहनी मार कर दुष्यन्त से उठने का इशारा किया तो उसने बताया कि संभवतः भोजन करना पड़े।

परन्तु ऐसा कोई आयोजन था नहीं, एक बार और चाय पान का दौर चला, फिर मैं दुष्यन्त और उनकी पत्नी के साथ उठ पड़ा, कमलेश्वर की माँ आई और उसने आवाज दी, ''चन्द्रा! देखो बहू जा रही है, मीठा लाओ और साथ जाकर छोड़ आओ।''

''चले जायेंगे...क्यों तकलीफ करती हैं।''

दुष्यन्त की पत्नी कमलेश्वर की माँ से कह रही थी और मैं अपनी पहचान चन्द्रा के विषय में ताजा कर रहा था।

चन्द्रा!—कमलेश्वर की बहिन, एक डिब्बा मिठाई साथ लेकर आई और साथ-साथ दुष्यन्त के घर तक आई। दुष्यन्त की पत्नी ने घर पहुँचकर मुझे और चन्द्रा को रोका, दुष्यन्त के साथ हम लोग ड्राइंग रूम में बैठ गए।

कुछ क्षण पश्चात दुष्यन्त उठा और शायद पत्नी को कुछ बताने की गरज से अन्दर चला गया।

खामोशी तोड़ते हुए मैं कह पड़ा, ''आपका नाम चन्द्रा है?''

''जी, कोई एतराज है आपको?''

''नहीं...नहीं...बस...मैंने पूछा।''

गुस्से से तमतमाये होने पर भी खीसें निपोरते हुए मैं कह पड़ा।

कुछ देर पुनः एक या दो क्षण खामोशी, मैं अपने को रोकना चाहकर भी रोक न सका और कह पड़ा, ''क्या करती हैं आप...''

''क्या अभिप्राय है आपका...''

थोड़ा खिसियाते हुए और अपने चेहरे पर एक और चेहरा चस्पां करते हुए मैंने कहा, ''बहुत खूब! आपके शौक जानना चाहता था।''

तपाक से उत्तर आया, ''सब्जी काटना, नाश्ता बनाना, कपड़े धोना।''

इतना सुना तो चुप रहना ही मुनासिब लगा, झेंप तो वैसे भी मुझ पर प्रभावी थी।

दुष्यन्त की पत्नी ट्रे में चाय लाई और एक-एक प्याली सबने थाम ली, फिर दुष्यन्त ने कहा, ''चन्द्रा! इन्हें (मेरी ओर संकेत कर) जानती हो।''

''जी नहीं।'' अभी चन्द्रा इतना ही कह पाई कि कमलेश्वर एक डिब्बा मीठा

हाथ में थामे आ गया।

"आओ...आओ...अरे भाई! इसे दोबारा क्यों ले आए...हमें मिल चुका है..."

दुष्यन्त की पत्नी ने कहा, "आपके लिए नहीं है...इनके लिए है...जिन्हें प्राप्त होना शेष है।"

कमलेश्वर का उत्तर स्पष्ट था, दुष्यन्त ने अपनी बात का सिरा फिर थामा और कहा, "चन्द्रा, नहीं जानती इनके विषय में, (मेरी ओर संकेत करते हुए) लो बताओ।"

"मुझसे कह रहे हो...?" कमलेश्वर ने पूछा।

"तो किससे कह रहा हूँ।"

"अच्छा...अच्छा...।"

फिर कुछ रुककर कमलेश्वर ने कहा, "देखो चन्द्रा! यह हैं मेरे मित्र ज्ञान देव, हम तीनों का गुट महाविद्यालय में अलग होता था, वही सम्बन्ध आज तक जीवन्त चले आ रहे हैं।"

चन्द्रा चुपचाप मुझे देखती और समझती रही, फिर मौके का फायदा उठाते हुए मैं कह पड़ा, "अच्छा...अब इजाज़त दीजिए...चलता हूँ" और इतना कहकर मैं उठ पड़ा, चन्द्रा मुझे देखते हुए उठ खड़ी हुई और कह पड़ी, "मुझे मालूम न था...आप भैया के मित्र हैं...हर किसी से बात करना मेरा स्वभाव नहीं है...माफी चाहती हूँ।"

कमलेश्वर ने इतना सुना तो कह पड़ा, "जरूर कोई बात कह दी होगी तुमने ...यह स्वभावगत दोष दूर करो...सभी घर के लोग समझा-समझा कर थक गए... पर तुम्हारी आदत है...कि ...लाइलाज...क्या...कहा...तुमने बताओ।"

"अरे कुछ नहीं...छोड़ो भी..."

खड़े-खड़े इतनी बात हो चुकी तो मैं चलने को हुआ, दुष्यन्त ने बैठे हुए कहा, "सुनो ज्ञान! हमारे यहाँ एक वैकेन्सी लेक्चरर की है...मैंने बात कर ली है, तुम अपना 'बायोडाटा' लेकर कल या परसों आ जाओ...मुझे पक्का भरोसा है कि बात बन जाएगी।"

अब कमलेश्वर भी उठकर खड़ा हो गया, दरवाजे तक सब साथ-साथ आए, चलते वक्त चन्द्रा और मेरी निगाह तीन-चार बार मिलीं, चन्द्रा को राह चलते मुड़ मुड़ कर मैं तब तक देखता रहा, जब तक वह मुझे देखती रही और दृष्टि से ओझल न हो गई।

तेरह

इतना तो मैं भी मान कर चल रहा था कि कुदरत का एक नियम है, यह नियम जड़ और चेतन सभी पर प्रभावी होता है, इस नियम का शायद एक रूप समय है, समय अपने प्रभाव स्वरूप लाभ और हानि की सर्जना में सहायक होता है।

मैं इस संदर्भ को अपनी जीविका से जोड़कर देख रहा था, समझ में कुछ आ नहीं रहा था, संयोग से डॉ. अज़्मत अली का चेहरा मेरी स्मृति में सजीव हो उठा, इसे विधाता का संकेत मानकर मैंने उनकी कोठी का रुख किया।

वह घर पर ही थे, मुझे देखा तो बोले, "आइये...आइये...पंडित जी..."

"अब तो आ ही गया हूँ...क्षमा चाहता हूँ...आपको डिस्टर्ब किया।"

विनम्र भाव प्रदर्शित करते हुए, मैंने अपनी बात कही, इतना सुना तो वह तुरन्त कह पड़े, "अरे नहीं...नहीं...ऐसा विचार न लायें, मैं भी आपके ही विषय में सोच रहा था।"

डॉ. अज़्मत अली के इन शब्दों से मुझे ढाढस बँधा, साहस उपजा कि मुझे अपनी बात कह देनी चाहिए और मैं बात शुरू करने के अभिप्राय से पूछ पड़ा, "आप मेरे विषय में सोच रहे थे,...कृपया बतावें...मैं समझा नहीं...।"

"आपके विषय में कई ऐंगल से सोचा, इधर आप आए भी नहीं तो ख्याल आप पर जा ठहरता है...फिर आप कुछ चिन्तित और परेशान लग रहे थे...बस यही सबब था।"

अब मुझे सहजता से अपनी बात करने का अवसर हाथ लग गया था, कुछ देर मन मस्तिष्क को स्थिर कर मैं कह पड़ा, "डॉ. साहब! आपने एक दिन किसी सिद्धान्त का जिक्र करते हुए, समय के...नियम की चर्चा की थी,...बस यही विचार मुझे निरन्तर कुरेदता रहा और आज मैं आप के पास उपस्थित हो सका।

डॉ. अज़्मत अली जो मुझे ध्यान से सुन रहे थे, बोले, "मैंने कुछ भी गलत नहीं कहा।"

"मेरी अपनी समस्या है...इस पर समय के नियम का प्रभाव जानना चाहता हूँ...आप कृपा कर मेरी सहायता करें।"

"आप समस्या बतायें..."

उन्होंने जब इतना पूछा तो मैं अपनी जीविका से जुड़े प्रश्न के साथ, अपनी भावनात्मक प्रतिबद्धता की बात भी कह गया, अब मैं उत्तर की प्रतीक्षा करने लगा।

मेरी बात सुनने के बाद, उन्होंने अपना सिग्रेट केस उठाया, मुँह से एक सिग्रेट लगाई और लाइटर 'लिट' कर कश खींचने लगे, मैं चुपचाप बैठा, उन्हें देखता जा रहा था, सिग्रेट का धुआँ वह दूसरी ओर छोड़ रहे थे, संभवतः उन्हें स्मरण था कि धुआँ मुझे रुचिकर नहीं।

सिग्रेट एस्ट्रे में बुझाकर, उन्होंने मैग्निफाईंग टार्च उठाई, मुझे अपने सम्मुख बैठाकर पूछा, "राइट हैण्डर" या "लैफ्ट हैण्डर"?

"जी, मैं दाहिने हाथ से लिखता, पढ़ता और अपने काम करता हूँ।"

"ठीक है, अपना दाहिना हाथ मेरे सामने फैला दें..।"

हाथ उनके सम्मुख फैला दिया, उन्होंने टार्च जलाई और मेरे हाथ की रेखाओं को पढ़ते रहे, कुछ समय पश्चात एक रजिस्टर उठाया, फिर एक नये पृष्ठ पर मेरा नाम वगैरा नोट किया, फिर वह मुझसे बोले, "आयु चौबीस वर्ष ठहरती है।"

"जी, तेईस वर्ष...दस महीना।"

उन्होंने बताना शुरू किया, "इधर ध्यान दें...यह आपकी 'लाइफ लाइन' है, इसे जीवन रेखा कहते हैं, आप इस स्थल पर (पेंसिल से निशान लगाते हुए) चौबीस पूरे कर लेंगे।"

फिर उन्होंने 'फेट लाइन'—भाग्य रेखा और 'हेड लाइन' मस्तिष्क रेखा के साथ 'हार्ट लाइन' हृदय रेखा को इंगित किया और बोले, "यह चन्द्र पर्वत है, यहाँ से निकलकर यह बृहस्पति के पर्वत पर समाप्त हो रही है, कहीं कटी पिटी नहीं है, एकदम सीधी स्ट्रेट जा रही है। बहुत कम ऐसी रेखायें देखने में आती हैं अतः निःसंकोच कह सकता हूँ कि आप भाग्यशाली हैं।"

मैं बात को बीच में ही काटते हुए कह पड़ा, "भाग्यशाली तो खैर क्या हूँ ...मेरा प्रश्न अपने उद्देश्य सरकारी पद प्राप्त करने से है...?"

और मेरे इतना कहने पर उन्होंने सूर्य रेखा पर ऊपर ऊपर पेंसिल चलाते हुए कहा, "यहाँ देखें, सूर्य क्षेत्र से निकलकर, ऊपर की ओर सीधी जा रही है...और हाँ...एक नहीं...दो...दो...सूर्य रेखायें स्पष्ट हैं, दूसरी पहली रेखा के समानान्तर ठीक पैरलल बढ़ रही है।"

"डॉ. साहब! मेरे प्रश्न का उत्तर अभी शेष है।" मैंने टोका।

मेरे इतना कहने पर डॉ. अज़्मत अली ने, रजिस्टर में कुछ और नोट किया और फिर मुझसे कहने लगे, "कोई भी धोखा खा सकता है और कह सकता है कि आप उच्चस्थ सरकारी पद पर प्रतिष्ठित होंगे...परन्तु...मैं इस विचार से सहमत नहीं हूँ।"

"क्यों...?" मेरा सहज प्रश्न उबल पड़ा।

"उत्तर है, सूर्य पर्वत का शनि की ओर झुका होना, वह अपनी वास्तविक स्थिति में नहीं है, शनि से प्रभावित है।"

डॉ. अज़्मत अली के इस स्पष्टीकरण को मैं कुछ भी समझ नहीं सका, परन्तु इतना पूछ बैठा, ''इसके कारण परिणाम फल क्या होगा?''

मेरे इतना पूछने पर वह कुछ देर विचार मग्न दीखे फिर उन्होंने जो कहा वह इस प्रकार था।

''आप प्रशासनिक सेवा नहीं कर सकेंगे...आप अध्यापन...लेखन...और अध्यात्म की ओर उन्मुख होंगे...जीवन में दो धारायें...एक साथ प्रवाहित होंगी, परन्तु आप अतिवाद से सदा बचते रहेंगे, कुल मिलाकर...एक स्वाभिमान पूर्ण आदर्श और मानवता से परिपूर्ण जीवन होगा।

मैंने फिर प्रश्न किया, ''प्रशासनिक सेवा में चुनाव होगा या नहीं।''

दो टूक उत्तर दिया उन्होंने, ''नहीं...नहीं...।''

अपने अन्दर-अन्दर की सोच में उनका यह कथ्य मुझे सचमुच बकवास लगा, परन्तु शिष्टाचार के नाते यह उचित न था कि मैं क्रोध के वशीभूत ऐसी अभिव्यक्ति करता, सो चुप्पी साधे रहा, अब बैठने में कोई रुचि न थी और मैं हाथ जोड़कर खड़ा हो गया।

डॉ. अज़्मत अली ने मुझे इस तरह उठते देखा तो बोले, ''मैंने तो जो देखा और समझा वहीं कहा, अपनी ओर से कुछ घालमेल नहीं किया...आप अनमनस हो गए...ना जाने क्यों...ठहरिये...बैठिये...बैठिये।''

''डॉ. साहब! सच बात है...कुछ तो अनमनस हुआ हूँ...जिन्दगी में एक स्वप्न सँजोया था...वह भी आपके अनुसार चूर होगा, अब मन खिन्न...हो गया है...चलने दीजिए...फिर आऊँगा...।''

''पर...इसमें मेरा क्या दोष...?'' पूछा डॉ. अज़्मत अली ने।

''आपका कोई दोष नहीं...आदाब!''

और मैं भारी मन और कदमों से कमरे के बाहर निकल आया, डॉ. अज़्मत अली सिर्फ मुझे देखते रहे और अपनी कुर्सी पर बैठे तब तक निहारते रहे जब तक मैं उनके लान से गुजरता हुआ गेट के बाहर, सड़क तक नहीं आ गया।

चौदह

हताशा मुझ पर गहरे से प्रभावी थी, इसे अनुभव करके भी निस्तार प्राप्त नहीं हो पा रहा था, रोग छिपाये नहीं छिपता, वह प्रकट हो ही जाता है।

छिपाने के प्रयत्न से कोई लाभ भी नहीं था, मेरा उदास चेहरा देखकर, माँ पास आई और निहारते हुए बोली, "भैया! तुम्हें क्या कष्ट है, बताओ..."

"कुछ नहीं..." मेरा संक्षिप्त उत्तर सुनकर माँ ने जिद पकड़ ली और मैं बात टालता रहा, उन्होंने पिताजी से भोजन के समय चर्च की, पिताजी ने भी वास्तविकता जानने का प्रयत्न किया, परन्तु बात बनी नहीं, उन्होंने समझाते हुए कहा–

"जीवन में प्रयास का अपना महत्त्व है और भाग्य का अपना,...प्रयास...प्रयत्न. ..और निष्ठापूर्वक कर्मरत रहना...एक बात है...और...उसके फल को तत्काल भाग्य से जोड़ कर लपकने का विचार...ठीक नहीं...भाग्य कर्म से धीरे-धीरे निर्मित होता है।"

पिताजी के वचन रुचिकर प्रतीत नहीं हो रहे थे, क्रोध तो नहीं उपज रहा था, परन्तु इतना अवश्य था कि धीरज जवाब दे जाने जैसी स्थिति का परिचायक था, और अधिक कुछ सुनता समझता, इससे पहले ही कह पड़ा, "आप अन्यथा न लें, कर्म ही तो साधा है पी.सी.एस. के लिए...फिर भाग्य साथ क्यों नहीं देता...स्वयं विचार करता हूँ तो कर्म में कहीं दोष नहीं दीखता।"

"ठीक ही तो कह रहे हो...मुझे...तनिक भी आपत्ति नहीं...पर भैया! भाग्य तो निर्मित होता है विगत कर्मों से...यह कर्म जो आज कर रहे हो...अभी...तत्काल कैसे फलित होगा...?"

पिताजी का तर्क सुन मैं कह पड़ा, "आपकी बात पल्ले नहीं पड़ी... छोड़िए..."

"नहीं...नहीं...छोड़ने की बात नहीं है...तर्क व्यावहारिक और ठीक है...पर ...समझना यह भी है कि कर्म दो प्रकार के फल का प्रदाता है, एक तत्काल और दूसरा कालान्तर में..."

पिताजी ने जब इतना कहकर चुप्पी साध ली तो मैं कह पड़ा, "अपनी बात ...और स्पष्ट करें..."

वह बोले, "आग में हाथ डालने पर वह तत्काल प्रभाव दिखाता है और आम की गुठली रोपित करने पर यह कर्म सात आठ वर्षों में फल देता है...विगत जन्म

के कर्म ही भाग्य या प्रारब्ध सिद्ध होते हैं।''

पूछा मैंने, ''तो क्या यह स्वीकार कर लिया जाए कि मेरे विगत जन्म का कर्म, मेरे उद्देश्य की पूर्ति में बाधक है।''

मेरे इस प्रश्न पर पिताजी ने अपना मत स्पष्ट करते हुए कहा, ''यह अभिप्राय मेरा बिलकुल नहीं, जो बात है वह बस इतनी है कि प्रारब्ध संभवतः देर से फले।''

मुझे साहस नहीं हो रहा था कि मैं कह सकूँ कि यह सब बकवास है, मैं इसे महत्त्व नहीं देता, परन्तु अन्दर ही अन्दर एक अप्रत्याशित भय भी मुझे लीले जा रहा था कि यह बाधक कर्म कौन जाने, उस आयु सीमा के बाद प्रभावित हो, जो सेवा चयन की निश्चित आयु है, तब तो मैं गलत सिद्ध हो जाऊँगा, बस! इसी भय के चलते मैं चुप रहा।

पिताजी मेरी मनःस्थिति से अवगत अवश्य थे, तथा यह भी खूब जान समझ रहे थे कि मैं उनके उत्तर से सन्तुष्ट नहीं हूँ, फिर उन्होंने कुछ रुककर कहा, ''चलो कल आश्रम चलते हैं, शायद कोई समाधान मिल सके।''

मुझे यह बात कुछ रुचिकर लगी, वादी और प्रतिवादी में न्याय करने के लिए किसी तीसरे बुद्धिमान की आवश्यकता तो पड़ेगी, और इसी भाव को दृष्टिगत रखते हुए, कह पड़ा, ''ठीक है।''

अगले दिन हम समय से आश्रम पहुंचे, महाराज के पास एकान्त था, सेवक आया और उसने कहा कि ''महाराज बुला रहे हैं।''

हम दोनों पहुँचकर, दण्डवत निवेदन के पश्चात आज्ञा प्राप्त कर बैठ गए, महाराज मौन थे कुछ बोल नहीं रहे थे, सो हम भी चुपचाप बैठे रहे।

तीन बजे का समय था, महाराज उठे, स्नान किया, वस्त्र बदला, वस्त्र भी क्या छाती पर एक कपड़ा लपेट लिया जो घुटने तक था, फिर आकर मूढ़े पर बैठ गए।

फिर महाराज ने सेवक से चाय बनवाई और चाय पान करने के पश्चात बिना सुपारी के पान लगवाकर मुँह में रखा, अब वह सेवक से कह रहे थे।

''देखो कालू पंडित! भाग्य शब्द का भावार्थ, कर्म साधे रहने की प्रेरणा है ...कर्म शून्यता तो जीवन में संभव नहीं, अतः कर्म तो होगा ही...व्यक्ति बिना कर्म किए रह नहीं सकता, ...फिर जैसा कर्म होगा, ...वैसा प्रभाव उपजेगा...इसी प्रभाव के उपजने से प्रारब्ध निर्मित होता है।''

मैं गंभीर तो था ही, पर कुछ कहने का साहस नहीं जुटा पा रहा था, पिताजी ने स्थूल रूप से कुछ कहने की चेष्टा की, परन्तु बात बनी नहीं, एक भक्त आ गए और वार्तालाप स्थगित हो गया।

महाराज उनसे चर्चा में व्यस्त हो गए, चर्चा चल रही थी, कि भक्त ने विनम्र भाव से निवेदन किया, ''महाराज! दया की याचना कर रहा हूँ, कन्या ने बड़ा

परिश्रम साधा था, दिन-रात एक करके पढ़ाई की थी, परन्तु मेडिकल की प्रवेश परीक्षा में आ नहीं सकी...तब से बहुत खिन्न है...कुछ खाती-पीती नहीं, बार-बार जीवन मोह से विरक्ति का संकेत देखकर भय लगता है।''

महाराज ने शान्त भाव से सुना कुछ क्षण मौन साधे रहे, फिर बोले, ''जब लक्ष्य पहुँच से ऊपर पकड़ने की इच्छा बलवान हो तो ठहर कर अपने स्थिति पर विचार करना चाहिए, फिर अपनी सामर्थ्य को तौलना चाहिए, इसका तिरस्कार कर और इस ओर ध्यान न दे कर...खाली लक्ष्य की ओर अंधे होकर दौड़ने से बात नहीं बनती।''

महाराज ने जब इतना कहा तो मैं कुछ बोलने के लिए व्याकुलता अनुभव करने लगा, सहसा, महाराज की दृष्टि मेरी ओर घूमी और वह कह पड़े, ''तुम! इस कथन से कहाँ असहमत हो...हम भी जानें...''

इतना सुना तो मैंने निवेदन किया, ''महाराज! मेरा निवेदन है कि प्रयास परिश्रम और सामर्थ्य का आकलन करके भी, सफलता क्यों बाधित होती है?''

महाराज ने इतना सुनकर मुझे देखा और बोले, ''प्रारब्ध भी कारण होता है पर वही एकमात्र कारण नहीं और भी सूक्ष्म कारण हो सकते हैं, उन्हें भी विचार में लाना चाहिए।''

महाराज जब इतना कह चुके तो कुछ और कहने की अनुमति मिलने पर, अपने लक्ष्य और प्रयास पर किंचित विस्तार से, सब कुछ बताते हुए डॉ. अज़्मत अली का वह कथन भी जो उन्होंने मेरा हाथ देखकर कहा था, कह दिया।

सब कुछ बहुत ध्यानपूर्वक सुनने के पश्चात महाराज ने कहा, ''बृहस्पति देव गुरु हैं, वह प्रभावशाली हैं और चन्द्रमा अपने स्थान पर ठीक है...भाग्य रेखा भी ठीक है, फिर भी आप वह नहीं बन सकते जो चाह रहे हो, यही कहा है हस्त रेखा देखने वाले ने?''

''जी महाराज...।''

''एक रास्ता है...आप पद प्राप्त कर लेंगे...मगर वहाँ टिक न सकेंगे।''

''महाराज ! ऐसा क्यों...?'' पूछा मैंने।

''ऐसा इसलिए जो चैतन्य भाव और सक्रियता, परिश्रम करने की लगन और साध, आज है, उसकी पृष्ठभूमि में भोग का समावेश संभव है, यह भोग का आकर्षण भी उसी प्रकार मृत हो जाता है जैसे शरीर निष्क्रिय और कमजोर होने लगता है। फिर अरुचि उपजती है, खिन्नता प्रभावी होने लगती है, मन वहाँ से अलग होने लगता है...''

''ऐसा क्यों महाराज!'' पूछा मैंने।

''सामान्यतः ऐसा नहीं देखा जाता, न इसे नियम स्वीकारा जा सकता है...जो कुछ तुमने क़हा है...चर्चा उस पर केन्द्रित है...अब ध्यान से सुनो और विचारो...।''

इतना कहकर महाराज कुछ देर चुप रहे फिर बोले, "प्रथम, लक्ष्य के प्रति प्रबल आकर्षण, गहन चिन्तन मन्थन नहीं पनपने देता, वह भावना में उपज कर भावुकता में बदल जाता है।

द्वितीय कारण, सन्तोष की न्यूनता और कार्य शैली की व्यावहारिक कठिनाइयाँ, इनके चलते असन्तोष और मानसिक शान्ति का लोप...

और तीसरा कारण है परिवर्तन की अभिलाषा...यह आशा और निराशा दोनों कारणों से जन्म लेती है।

यह कुछ ऐसे कारण हैं, जिनसे जीवन प्रवाह में ठहराव आता है, यह ठहराव ही अरुचि और बदलाव का कारण बनता है, सबके साथ ऐसा नहीं होता, पर कुछ के साथ होता है, यदि इतना भी तर्क संगत और व्यावहारिक लगे तो इसे प्रारब्ध से जोड़ा जाए कि नहीं...?"

अपना उपदेश और प्रश्न उछालकर महाराज मौन हो गए और मैंने अपनी साँस पर काबू पाया, विचारमग्न होकर रह गया।

महाराज आने जाने वाले दूसरों भक्तजनों से वार्तालाप में व्यस्त हो गए। मैं विचारों के मझधार में किनारा तलाशने के लिए छटपटाता रहा।

संध्या के साढ़े पाँच बज रहे थे, महाराज मूढ़े पर से उठ पड़े, जो जन बैठे थे वह सब खड़े हो गए, महाराज अन्दर चले गए और भक्त-गण अपने-अपने जप आदि में व्यस्त हो गए।

हम पिता पुत्र भी विग्रह दर्शन और नमन प्रणाम कर, घर की दिशा में लौट पड़े।

पन्द्रह

उस रात देर से सोया था, उठने में विलम्ब देख पिताजी ने आवाज़ दी, जाग तो गया, परन्तु उठते ही जो विचार मन में आया वह दुष्यन्त की सलाह की सरसराहट से उपजा था।

बिस्तर पर ही उठकर बैठ गया और दुष्यन्त द्वारा कही बातों के सहारे साँसें गिनने लगा, पिताजी ने जो देखा तो पास चले आए और पूछ पड़े, "तबीयत तो ठीक है, कुछ चिन्तित लग रहे हो।"

"जी, ठीक ही कहा आपने, चिन्ता तो है...एक लक्ष्य था...वह भी पूरा होता नहीं दीखता।"

"बहुत न सोचो भैया! स्वास्थ्य पर बुरा प्रभाव पड़ेगा।"

अभी पिताजी संभवतः कुछ और समझाते कि मैं बीच में ही कह पड़ा, "सोच नहीं पा रहा हूँ...क्या करूँ?...कल दुष्यन्त से भेंट हुई थी...उसके महाविद्यालय में कोई स्थान रिक्त है, मुझे 'बायोडाटा' के साथ कल बुलाया है।"

इतना ही कहा था कि माँ चाय के दो प्याले थामे स्टूल पर आकर बैठ गई, एक प्याला उन्होंने पिताजी को दिया और दूसरा मुझे सौंपने लगीं तो मैं कह पड़ा, "वाह! खुद नहीं पियेंगी...?"

"क्यों नहीं...तुम प्याला पकड़ो...मैं अपना प्याला लाती हूँ।"

अपना प्याला थामे मैं माँ की प्रतीक्षा करने लगा, वह अपना प्याला हाथ में लिए मेरे बिस्तर पर आकर बैठ गईं, पिताजी स्टूल पर बैठ गए, फिर चाय की दो चुस्की लेने के बाद उन्होंने कहा, "दुष्यन्त का सुझाव सुभीते का है...विचार कर लो ...सुझाव मानने योग्य है, वैसे तुम्हारी मर्ज़ी..."

माँ ने आश्चर्य प्रकट करते हुए पिताजी की ओर देखा, उनके मौन रहने पर पूछ पड़ीं, "किस सुझाव की बात हो रही है?"

"कुछ नहीं अम्माँ! नौकरी जो चाह रहा हूँ...वह तो हाथ आ नहीं रही है ...दुष्यन्त अपने कालेज में नौकरी के लिए कह रहा है...कुछ सोच नहीं पा रहा हूँ।"

माँ एक बार पुनः मुझे और पिताजी को गौर से निहारने लगीं, चार-पाँच मिनट तक सन्नाटा छाया रहा, फिर पिताजी ने कहा, "भैया! निर्णय तो तुम्हें ही करना है...जैसा उचित समझो..."

माँ ने इतना सुना तो बोल पड़ीं, "इन्तज़ार की भी सीमा होती है, जिद से

अलग हट कर सोचो...अभी उम्र है...यह अवसर भी है...यह भी अगर हाथ से निकल जाएगा...तब?"

सभी चिन्तन-मन्थन में डूबे थे, माँ की बात सुनकर मैं बोल पड़ा, "शायद जीवन इसी का नाम है कि स्थितियों और परिस्थितियों से समझौता करके जीने की डगर कुछ-कुछ हमवार की जाए।"

"डगर सँवारी जाए..."

पिताजी ने संशोधन कर वाक्य को विराम दिया वह इतना कहकर कुछ क्षण रुके रहे, फिर कहने लगे, "इस प्रयास को करने में ऐसा क्या है जो अरुचि का कारण है?"

"अरुचि नहीं है..."

मेरे इतना कहने पर वह बोले, "अरुचि नहीं है...तब...प्रयास करना चाहिए ...भैया! यदि ईश्वर की इच्छा यही है तो बुरा न मानो।"

"बात बुरे और भले की नहीं,...बात आवश्यकता की है...और वह स्पष्ट है ...कि कहीं न कहीं अब स्थापित हो ही जाना चाहिए।"

मैं भाँप नहीं सका कि मेरे इस उत्तर से माँ और पिताजी पर प्रतिक्रिया क्या उपजी ...? परन्तु मैंने यह अवश्य महसूस किया कि जिद को ढाल बनाकर, बुजर्ग पिता की पेंशन पर रोटी तोड़ना, हराम नहीं तो हाथ-पैर सलामत रहते हलाल की परिधि में भी नहीं आता...और...स्वाभिमान का आडम्बर व्यर्थ की कसरत जैसा ही है...कुछ देर बिस्तर पर बैठा रहा, फिर उठ खड़ा हुआ।

लगभग ग्यारह बजे यही विचार पूरी तीव्रता और वेग से फिर उठा, फिर मैंने आवश्यक कागज़ पत्र सहेजे, उन्हें फाइल में सँभाल कर, माँ से बताकर मैं दुष्यन्त के महाविद्यालय पहुँचा।

दुष्यन्त स्टाफ रूम में ही मिल गया, कुर्सी खींच कर मैं जब बगल बैठ गया तो उसने कहा, "बहुत अच्छा किया आ गए...बायोडाटा...लाए हो...?"

बैग से बायोडाटा निकालकर उसे सौंपते हुए पूछ लिया।

"और कुछ...?"

"हाँ सर्टीफिकेट और प्रमाण पत्र इसके साथ लगा दो।"

वह सब कुछ साथ ही था, निकालकर प्रमाणित प्रतियाँ थमा दीं, उसने सब कुछ सहेजते हुए कहा, "इत्मीनान से बैठो...मैं मिलकर आता हूँ।"

मैं बैठा बैठा ऊबने लगा, दुष्यन्त काफी देर बाद लौटा, तो उसने मुझसे कहा, "चलो...प्राचार्य जी ने बुलाया है।"

मैं साथ चल पड़ा, एक केबिन में प्रवेश कर वह बैठ गया, अन्दर प्रवेश की अनुमति माँग मैं बाहर प्रतीक्षा कर रहा था, प्राचार्य से अनुमति प्राप्त होने पर अन्दर प्रवेश कर गया।

प्राचार्य ने बैठ जाने का संकेत किया।

प्राचार्य कुछ देर तक मेरे कागज पत्रों को गौर और गंभीरता से देखते समझते रहे, फिर उन्होंने सलाह दी कि महाविद्यालय द्वारा प्रकाशित विज्ञापन के आधार पर एक प्रार्थना पत्र इन कागजों के साथ और लगा दूँ।

खैर, इस सब रस्म अदाई से फुर्सत कर जब मैं गुमसुम बैठा था, तो कुछ देर पश्चात प्राचार्य ने कहा, ''महाविद्यालय की आवश्यकता और आपकी नौकरी एक दूसरे के पूरक हैं, हम आपको नियुक्त कर रहे हैं, आप परिश्रम और लगन से पठन-पाठन में भरपूर योगदान करें।''

''मैं पूरी तरह सावधान रहूँगा और अपने परिश्रम द्वारा सन्तुष्ट करने में कोई कोताही न करूँगा।''

''ठीक है'' कहकर प्राचार्य ने मुख्य लिपिक को बुलवाया और एक नियुक्ति पत्र तैयार करवाकर, उस पर अपने लघु हस्ताक्षर करने के पश्चात, प्रबन्धक के हस्ताक्षर के लिए भिजवा दिया, प्रणाम निवेदन कर उठने को हुआ तो बोले, ''कहीं दूर नहीं जाना है, प्रबन्धक जी निकट ही रहते हैं, अभी हस्ताक्षर हो कर नियुक्ति पत्र भी आ जाए तो सँभाल लें और चाहे तो आज नहीं कल ज्वाइन कर लें।''

''जी, धन्यवाद'' कहकर मैं दुष्यन्त के साथ बाहर आ गया, कुछ देर बाद चपरासी आया और मुझे बुलाकर ले गया, प्राचार्य ने मुझे नियुक्ति पत्र देते हुए महाविद्यालय की गरिमा का ध्यान सदैव चैतन्य बनाए रखने की ताकीद और नसीहत की, फिर कहा! ''कल आकर ज्वाइन कर लें।'' इतने के बाद प्राचार्य उठ खड़े हुए, हम लोग केबिन से बाहर आ गये और प्रणाम शिष्टाचार के पश्चात विदा हुए।

सोलह

घर पहुँचा तो सोच नहीं पा रहा था कि खुशी मनाऊँ या गम। जाकर गुमसुम कमरे में बैठ गया, पिताजी घर पर नहीं थे, उन्हें अपनी पेंशन लेने जाना था, माँ पास आकर बैठ गई।

बड़े उत्साह से उन्होंने पूछा, ''क्या हुआ...?''

''जो हुआ...ठीक हुआ...''

मेरा उत्तर सुनकर माँ बोली, ''समझी नहीं...साफ...साफ...बताओ भैया।''

''नौकरी मिल गई...''

''भगवान की बड़ी कृपा है...''

इतना कहकर माँ अन्दर चली गई और पूजा वाली अलमारी के सम्मुख अगरबत्ती जलाकर, हाथ जोड़े ध्यान मग्न खड़ी रही, कुछ देर पश्चात वहाँ से लौटी तो चार दाने किशमिश के मुझे थमाते हुए बोली, ''लो...प्रसाद खा लो...''

प्रसाद न भी होता तो किशमिश कोई अस्वाद तो पैदा न करती, सो बिना किसी प्रकार के न नुच के मुँह में डाल ली।

कुछ देर बाद पिताजी आए, उन्होंने झोला स्टूल पर रखा और बैठ गए, माँ अन्दर गई तो चाय बनाकर थाली में तीन प्याले लेकर आईं।

माँ प्याला पकड़ाने के बाद कुछ कहना चाह रही थीं कि पिताजी कह पड़े, ''ज्ञान की माँ! झोले में से मिठाई निकालकर, भोग लगा लाओ...भैया की सर्विस लग गई है...मुँह मीठा करो।''

मैं सोच नहीं पा रहा था कि पिताजी इतने आश्वस्त कैसे थे, परन्तु कुछ पूछा नहीं, वह स्वयं कह पड़े, ''आश्चर्य हो रहा है...प्रार्थना में बड़ी शक्ति है...अंग्रेजी में कहावत प्रसिद्ध है कि प्रार्थना से पहाड़ हिल सकते हैं।''

पिताजी के कथन में मेरी रुचि न थी, चाय पीने के पश्चात, यह बताकर कि मैं जरा बाहर जा रहा हूँ, दो घण्टे तक लौट आऊँगा, कमरे से बाहर आ गया।

कुछ क्षण तो खड़ा सोचता रहा कि किधर चलूँ, फिर मैं डॉ. अज़्मत अली की कोठी की ओर बढ़ चला, दस मिनट पैदल का रास्ता, सिविल लाइन पास ही था, अब मैं डॉ. अज़्मत अली के रूबरू था।

''आइये! आइये!! बिलकुल खाली हूँ'' जैसे चहके डॉ. अज़्मत अली।

''जी डॉ. साहब! बिला सोचे समझे, बस चला आया।''

"ठीक किया...बैठिये..."

और मैं बैठ गया, डॉ. अज़्मत अली ने रस्मन पूछा, "कैसे तकलीफ की...?"

"डॉ. साहब! कोई खास बात नहीं, लेकिन अब जो जवाब सूझ रहा है...वह बस, इतना भर है कि आपकी विद्या में मेरी दिलचस्पी न जाने क्यों बढ़ रही है।"

"यह तो अच्छी बात है...इसमें बुरा क्या है...?"

पूछा मैंने, "तो बतायें, इसे कैसे सीखा जा सकता है।"

"पढ़ने से और अभ्यास से..."

डॉ. का यह उत्तर सुनकर मैं सोचने लगा कि वह कह पड़े, "आप कोई समय निश्चित कर लें...फिर आप यह देखें कि कितना समय दे सकते हैं?"

"डॉ. साहब! कोई गाइड भी तो चाहिए।"

"बात तो ठीक है...कोई गाइड है?"

"मैं तो आपके सम्बन्ध में सोच रहा था।"

मेरे मुँह से इतना सुना तो डॉ. अज़्मत अली मुझे गौर से देखने लगे, फिर उन्होंने कहा, "मुझे आपत्ति नहीं है...।"

"तो ठीक है, आप अपनी सुविधा बता दें।"

मेरे इतना कहने पर डॉ. अज़्मत अली ने कहा, "नहीं...आप अपनी सुविधा बतायें।"

"वास्तव में, हालात से समझौता करके महाविद्यालय में सर्विस ज्वाइन कर ली है।"

मेरी बातबीच में ही लपकते हुए वह बोले, "यह तो अच्छा किया आपने... सुनकर खुशी हुई।"

"मैं लगभग ढाई बजे फुर्सत पा सकूँगा, इसके बाद जो समय आप बतावें...?" मैंने पूछा।

"ज्ञान साहब! ढाई बजे के बाद आप घर जाएँ, फिर पाँच बजे के आसपास यहाँ आयें और लगभग दो घण्टे रोज़ मेहनत करें।"

इतना सुना तो स्वीकृति में सिर हिला दिया, समय निश्चित हो गया, डॉ. अज़्मत अली ने चाय मंगवाई और एक सिग्रेट सुलगाकर चाय का लुत्फ़ लेते रहे।

फिर उन्होंने अलमारी की ओर इशारा किया और कहा, "जो विषय पसन्द हो...उस पर एक किताब निकाल लें..."

मैंने हस्तरेखा पर एक मोटी किताब पसन्द की, डॉ. साहब ने उसे साथ ले जाने की स्वीकृति दी और कहा जो पढ़िये और समझिये, उसके नोट्स बनाते चलिए, इससे सहूलियत रहेगी।

बात जँच गई और अगले दिन शाम पाँच बजे का समय पक्का कर, मैं वापस घर लौट आया।

सत्रह

सड़क पर भीड़भाड़ देखकर, मेरा सकून विचलित हो गया, तीन दिन से नगर का माहौल कुछ गर्म लग रहा था, बात तो कुछ खास न थी पर बतंगड़ अच्छा-खासा उठ चला था।

खबर थी कि एक माफिया रंग के ठेकेदार को अपने निजी नर्सिंग होम में भर्ती न करने पर, उसके कुछ दबंग साथियों ने बन्दूक की नोक पर डाक्टर का अपहरण कर लिया था और उसके सही सलामत लौटने के बदले में पचास लाख की फिरौती माँग रहे थे।

यह समाचार विविध कोणों से, विगत दो-तीन दिनों से समाचार पत्रों में स्थान घेर रहा था, पढ़ा तो स्वयं मैंने भी था, परन्तु इस समाचार का कोई विशेष प्रभाव और प्रतिक्रिया मुझे छू नहीं सकी थी, अपने को समझाते हुए मेरा तर्क था, कन्याकुमारी से कश्मीर तक, रोज तीस-चालीस ऐसी घटनायें हो रही हैं, यही रोज कच्छ के रण से कोलकाता तक भी होता है, यह देखना शासन का काम है कि क्यों घट रही हैं और निदान क्या है?

हमारा इससे सरोकार ही क्या है?

फिर मैं सोचता, हम कितने संज्ञाशून्य हो चुके हैं, सम्पादक के नाम एक पत्र भी समाचार पत्रों में पढ़ने को नहीं मिलता।

फिर तर्क और कुतर्क के गडहे खोदता और हार थक कर मन को ढाढस बँधाता, जो जैसा करेगा वैसा भरेगा, फिर इस पर आँसू बहाने से फायदा...?

परन्तु शाम को जब कालेज से लौट रहा था, दुष्यन्त ने भीड़ को देखते हुए, मेरा ध्यान उस ओर खींचा था, पहले मैं समझा सड़क पर कोई एक्सीडेण्ट हो गया होगा, परन्तु जब निकट पहुँचे तो सुनने को मिला, डॉक्टर सकुशल पुलिस के संरक्षण में घर आ गया है।

डॉक्टर के दरवाजे पर जो भीड़भाड़ थी, उसमें सभी प्रकार के मीडिया के लोग भी थे और वह सवालों की बौछार के साथ-साथ अपने कैमरों से रौशनी उगल रहे थे।

दुष्यन्त स्कूटर रोक चुका था, उसका परिचित एक टी.वी. चैनल वाला मिल गया, वह पूछ पड़ा, "माजरा क्या है...विजय...?"

"अरे...आप...नमस्कार...वही...डॉ. धर्मपाल का 'किडनैप' हो गया था, लौट कर आया है।"

"क्या बताते हैं...कहाँ मेहमान थे...?" मैं बेसाख्ता पूछ पड़ा।

टी.वी. चैनल वाले ने मुझे घूर कर देखा और फब्ती कसते हुए, मुँह बिसूरकर बोला, "ज़ाइये...पूछ लीजिए...शायद आप को बता दें...।"

"क्यों...आपको नहीं बताता...?"

इतना कहने पर मेरा हाथ दबाते हुए दुष्यन्त ने कहा, "छोड़ो यार...वह भड़ास निकाल रहा है...कुछ उगलवा नहीं सका, फिर तुम क्यों बेवज़ह बिफरे जा रहे हो।"

दुष्यन्त ने जब इतना कहा तो मैं खामोश हो गया, फिर कुछ देर दुष्यन्त और टी.वी. चैनल वाले में बातें होती रहीं, फिर हम दोनों चल दिए।

दुष्यन्त का घर आया तो वह स्कूटर रोककर खड़ा हो गया, हार्न बजाया, दरवाजा उसकी पत्नी ने खोला, मैंने चलने की मुख मुद्रा बनाई तो दोनों कह पड़े, "वाह! यह भी कोई बात हुई, बैठिये...चाय हो जाए...तो तुम्हें..."

"नहीं...नहीं...मुझे अभी घर नहीं जाना है।।"

"क्यों...?" पूछा दुष्यन्त ने।

"अभी मैं डॉ. अज़्मत अली के बंगले पर जाऊँगा..." मैंने बीच में ही बात को लपकते हुए कहा। दुष्यन्त की पत्नी कह पड़ी, "कोई अस्वस्थ है घर में...?"

"जी नहीं, ऐसा कुछ भी नहीं, वह विद्वान हैं, पी.एच.डी. और काफी सुलझे हुए विचारों के व्यक्ति हैं।"

"वक्त काटने जाते हैं...वहाँ..." हँसते हुए दुष्यन्त ने अपनी पत्नी से कहा, पत्नी ने इतना सुना तो पूरी संजीदगी से कह पड़ी, "अब जिद छोड़कर विवाह कर लेना चाहिए आपको...घर की मसरूफियत का मजा दूसरा है।"

"आप तजर्बे की बात कह रही हैं,...मैं वक्त काटने नहीं...कुछ सीखने जाता हूँ, वह बहुत सफल भविष्य वक्ता हैं।"

मेरे इतना कहने पर दुष्यन्त ने पूछा, "अच्छा तो अब, भविष्य पढ़ने वाले विषय की ओर पदार्पण कर रहे हैं।"

"चाहिए भी...जब घर में कोई हमराज़ नहीं है तो बेचारे करें भी क्या...?" दुष्यन्त की पत्नी ने सीधा और सधा हुआ वार किया।

"अब कहीं...खड़ी हुई...इन्तज़ार करते हुए तो पत्नी मिलेगी नहीं...जब तक खाली हूँ...सोचता हूँ इस इल्म की तह तक पहुँचना चाहिए।"

मेरे इस उत्तर पर दोनों कुछ क्षण चुप रहे, फिर दुष्यन्त ने मुझसे पूछा, "क्या ठीक-ठीक...भविष्य पढ़...पाना संभव...है।"

"मैं इस प्रश्न का ठीक-ठीक उत्तर नहीं दे सकूँगा, अभी विषय की पूर्ण जानकारी नहीं है।"

मेरे इस कथन पर उसने फिर कहा, "यदि भविष्य पहले से ही निश्चित है तो उसे पढ़कर या पढ़वाकर बदला तो जा नहीं सकता।"

''मैं कुछ भी कह पाने की स्थिति में नहीं हूँ...जब तक विषय का पूर्ण ज्ञान न प्राप्त कर लूँ।''

दुष्यन्त ने इतना सुनकर कहा, ''मैं समझता हूँ...यह सब फिजूल है, इस प्रकार के पचड़े और विचारों के सहारे जीवन को क्या लाभ हो सकता है...?''

''दुष्यन्त भाई! बात लाभ और हानि की नहीं है...मुद्दआ यह है कि यह जो विद्या है...कितनी वैज्ञानिक और सटीक है और यदि सचमुच वैज्ञानिक और सटीक है तो यह मनुष्य को कितना लाभान्वित कर सकती है।''

दुष्यन्त की पत्नी जो ट्रे में तीन प्याले चाय लिए खड़ी थी, मेरा उत्तर बड़े ध्यान से सुन रही थी, वह मुझे सन्तुष्ट लगी, फिर हम दोनों को प्याला थमा कर बैठ गई, दो घूँट चाय की चुस्की लेने के पश्चात दुष्यन्त ने कहा, ''आपकी बात से सहमत हूँ, ज्ञान भाई!...यथार्थ का बोध किए बिना, किसी विषय को नकारना और तिरस्कृत करना...सचमुच...बुद्धिमानी नहीं है... ।''

''ठीक कहते हो।'' इतना कहकर चाय का आखिरी घूँट हल्क से नीचे उतार मैं उठ खड़ा हुआ और अज़्मत अली के बंगले की ओर चल पड़ा।

अट्ठारह

रास्ता नापते हुए तारकोल की सड़क कोबरे की तरह भाषित हो रही थी, मन में चर्चा से उपजा द्वन्द्व, पैरों की चाल पर प्रभावी अनुभव हो रहा था, मुझे मन ही मन विचार आया, और इन्हीं विचारों के कुहरे से आच्छादित मेरे मस्तिष्क पटल पर धीरे-धीरे एक चित्र उभरने लगा और मैं रास्ता तय करते हुए भी उससे उलझ गया।

मुझे लगा जैसे दुष्यन्त और उसकी पत्नी अभी अपने-अपने प्याले से चुस्कियाँ ले रहे हैं, फिर जैसे पत्नी ने दुष्यन्त को कुरेदते हुए पूछा, आप तो बता रहे थे कि ज्ञान बहुत प्रगतिशील विचारों का व्यक्ति है, उसने गंभीर और गहन रूप से वाम साहित्य का अध्ययन किया है, यूँ उनका विषय भी राजनीति विज्ञान रहा है, पर उनका यह शौक जानकर तो मुझे ऐसा नहीं लगता।

दुष्यन्त ने भी हाँ में हाँ मिलाते हुए कहा, ‘‘बात तो ठीक कह रही हो... पर...’’

‘‘पर...क्या...?’’ पूछा पत्नी ने।

‘‘यह कि ज्ञान की बातों से कहीं भी अन्धविश्वास नहीं झलकता...अब किसी विषय को पढ़ना, समझना और अपने निष्कर्ष निकालना, यह·तो ठीक ही है, जानना और समझना कोई अधर्म थोड़े है...इसमें क्या बुराई...?’’

दोनों कुछ देर इसी चर्चा में उलझे रहे, मैं करीब-करीब बंगले पर पहुंच चुका था, पर नौकर ने बताया कि डॉ. साहब कहीं तशरीफ ले गए हैं, देर रात में लौटेंगे।

इतना जान-समझकर मैं लायब्रेरी की ओर बढ़ चला, मेने मन मस्तिष्क के तार पुनः उसी विचार शृंखला से जुड़ गए, लायब्रेरी पहुँचकर मैं एकान्त में जाकर बैठ गया।

अपने सिर को एक हाथ से थाम कर, सामने पड़ा हुआ समाचार पत्र दूसरे हाथ से खींचकर, उसे फैला लिया, पढ़ना तो क्या था, यह प्रदर्शन बचाव का एक सलीका और हुनर भर था, कि आपको कोई ‘डिस्टर्ब’ न करे और आप पूरी एकाग्रता से एक ओर बढ़ते जाएँ।

मेरे मानस पटल पर एक चित्र उभरा, उसकी पत्नी शापिंग के लिए बाजार चली गई और दुष्यन्त अपनी स्टडी में बैठा पढ़ता-लिखता रहा।

अभी वह पढ़ रहा था कि छत पर रेंगती हुई छिपकली पर उसकी दृष्टि पड़ी, किताब को उँगली में फँसा, वह एकाग्र दृष्टि से छिपकली को निहारने लगा, उसकी

दृष्टि और छिपकली के मध्य फासला था, अपनी एकाग्रता के साथ जब वह छिपकली पर दृष्टि केन्द्रित किए था तो कुछ समय के पश्चात, उसे भान हुआ जैसे छिपकली में कोई हरकत नहीं, वह छत से चिपककर रह गई है।

फिर वह विचारने लगा, मृत अवस्था में छिपकली इस प्रकार छत से चिपककर रह नहीं सकती, वह ज़िन्दा है, इसी विचार के सहारे वह आगे बढ़ने लगा, फिर उसके मन में तर्क उपजा, यदि वह जीवित है तो उसमें हरकत क्यों नहीं हो रही है...?

इसी उधेड़बुन में चालीस-पैंतालिस मिनट बीत गए, पत्नी बाजार से कब लौटी, उसे कुछ पता नहीं चला, धीरे-धीरे अंधेरा बढ़ता जा रहा था, उसकी दृष्टि रह-रहकर छत और छिपकली पर जाती और लौटती।

तभी पत्नी ने कमरे में प्रवेश किया और अँधेरा देखकर, स्विच ऑन कर दिया, बल्ब जल गया, लो वोल्टेज के कारण मद्धिम प्रकाश कमरे में फैल गया, पत्नी ने महसूस किया कि दुष्यन्त उसकी आमद और प्रकाश से बेखबर है।

पहले तो यह विचार कर कि संभवतः वह किसी गहरे चिन्तन में डूबा है, पत्नी लौट पड़ना चाहती थी, फिर उसने सोचा, संभवतः मेरे बाजार से लौट आने की खबर ही न हो, पूछ कर जान लेना चाहिए कि कोई आवश्यकता है? और इस विचार के प्रभावी होते उसने कहा, "ध्यानस्थ हो गए हैं क्या...?"

"ओह...तुम...कब लौटीं...?"

"अभी...अभी...अँधेरा देखा तो इधर आई, स्विच ऑन किया और आपको इस प्रकार देखा, बस तभी पूछा...।"

"ओह...श्रद्धा! बैठो...बैठो...दुनिया...में कुछ चीजें रोज दृष्टि के सम्मुख...होती हैं...पर उनके निष्कर्ष...हमारे पास नहीं होते...यह कभी...कभी...ही होता है...कि हमारा चिन्तन...उस ओर हो जाए...और...हम कुछ नया ज्ञात कर सकें।"

"कुछ भी पल्ले नहीं पड़ा...इस कथ्य का...सिरा कहाँ है...बात...स्पष्ट नहीं हुई...।"

श्रद्धा से इतना सुनकर दुष्यन्त ने सब कुछ बताने की चेष्टा की, सारी गाथा सुनने के पश्चात, श्रद्धा ने कुछ कहे बिना ही पूछा, "चाय लेंगे...?"

"बनी है...?" पूछा दुष्यन्त ने।

"बना लाती हूँ..."

"नहीं...मेरे पास बैठो..." और हाथ पकड़कर समीप बैठाते हुए कहा, "मेरे चिन्तन को 'शेयर' करो और...अपनी राय दो।"

"मेरी राय का क्या अर्थ...हो सकता है आपका चिन्तन अनुभूति की भीति पर हो...फिर मेरी राय उस अनुभूति से अलग होगी।"

"श्रद्धा! ठीक कहती हो...पर दो विचार होंगे तो ठीक-ठीक निष्कर्ष प्राप्त करने में सुभीता तो होगा।"

फिर दोनों कुछ देर चुप रहे, दुष्यन्त ने चुप्पी तोड़ी, "कुछ कहो...अपनी बात कहो...इसी घटना पर जो छत, छिपकली और मुझसे सम्बन्धित है...तुम्हारे विचार जानना चाहता हूँ।"

"आप बहुत जोर देकर कह रहे हैं तो कह रही हूँ...मैं सोचती हूँ...छिपकली को भी आपके एकटक देखने का भान तो अवश्य हुआ होगा, यह अनुमान है। वह भी आपको देखे जा रही थी यह आपके बताने से सत्य क्रिया प्रतीत होती है। इन दोनों के परस्पर मेल से किसी तीसरी वस्तु का कारण सिद्ध होता है।"

बीच में बात को काटते हुए, दुष्यन्त कह पड़ा, "वह कारण क्या हो सकता है?"

"वह कारण परस्पर भय भी हो सकता है और आकर्षण भी..."

श्रद्धा की बात सुनकर, दुष्यन्त आँखें मूँदे गहरे चिन्तन में डूबता चला गया, उसे पता भी नहीं चला कि कब और कैसे, वह श्रद्धा के कन्धे पर लुढ़क गया।

फिर अचकचा कर उसने 'ओह' कहकर, अपने को थोड़ा अलग किया।

"भय तो समझ में आता है...पर आकर्षण के पीछे...तुम्हारा तर्क और जानना चाहता हूँ।"

दुष्यन्त के इतना कहने पर श्रद्धा ने कहा, "अभी भोजन बनाना है...यही. ..सोचेंगे तो पेट पूजा न होगी... ।"

"श्रद्धा! भोजन भी पकेगा और पेट पूजा भी होगी...पहले इस विषय का अन्त होना जरूरी है...इसे बीच अधर में छोड़ने का कायल नहीं हूँ।"

"तो ठीक है...सुनें और विचारें...आकर्षण और भय दोनों सहज स्थितियाँ हैं ...इनमें से कोई एक पहले घटित हो सकती है...दूसरी बाद में...परन्तु इतना समझना ...चाहिए...कि दोनों एक साथ नहीं उपज सकतीं।"

"तुम्हारे...इस कथन से मैं अपने को सहमत पाता हूँ।"

"जब, आप अपने को सहमत पाते हैं तो विचार करना...उचित है कि पहले कौन सी स्थिति जन्मी और पश्चात कौन सी घटित हुई।"

"श्रद्धा! पहले भय जन्मा...मैं सोच रहा था, यह यदि गिरी तो मुझ पर गिरेगी ...फिर जब नहीं गिरी तो स्वभावतः आकर्षण उपजा...और मैं सोचता ही रह गया।"

श्रद्धा ने टिप्पणी की, "विचारों के निरन्तर उथल-पुथल में आकर्षण खो जाता है, वह धुँधला हो पार्श्व में चला जाता है...इसीलिए एकाग्रता में विचार शून्यता का महत्त्व है...आकर्षण को थामे थामे...विचार शून्य होना...उपलब्धि के निकट पहुँचाता है।"

दुष्यन्त कुछ देर तो निर्विकार भाव से विचारमग्न रहा, फिर वह सहसा कह पड़ा, "शायद तुमने ध्यान योग पर काफी साहित्य पढ़ा है...तभी इतनी पैनी परख है।"

"जी नहीं, पढ़ा तो ध्यान योग पर बहुत कम है...पर अभ्यास काफी है।"

"आश्चर्य हुआ सुनकर...सच?"

"जी, बिलकुल सच!"

"कभी इस क्रिया को करते तुम्हें देखा नहीं।"

"सभी क्रियायें आवश्यक तो नहीं कि दिखाकर की जाएँ।"

"तो क्या ध्यान गुप्त क्रिया है?"

"है भी और नहीं भी..."

"यह कैसे...?" पूछा दुष्यन्त ने।

"आरम्भ में परिपक्वता न आने तक इसे गुप्त क्रिया की श्रेणी में रखना उचित है और परिपक्वता प्राप्त होने पर, यह गुप्त न भी रहे तो कोई हर्ज नहीं।"

आश्चर्य मिश्रित नेत्रों से श्रद्धा को निहारते हुए दुष्यन्त ने श्रद्धा से पूछा, "ध्यान के सम्बन्ध में तुम्हारे ज्ञान का आधार क्या है...स्वउपार्जित शौक या और कुछ...?"

"नहीं...नहीं...ऐसा कुछ भी नहीं, पिताजी करते थे...उनके गुरुजी स्वामी भैरवानन्द, वर्ष-दो वर्ष में एक बार आते थे...आठ-दस दिन रहते थे, मैं उनकी बातें सुनती और धुनती...उन्हीं से मुझे ध्यान साधना की दीक्षा प्राप्त हुई।"

पूछा दुष्यन्त ने, "अभी स्वामी जी हैं...?"

"नहीं...अब वह संसार में नहीं हैं।"

"मैंने सोचा था कि अगर हों तो मैं भी उनका शिष्यत्व स्वीकार कर लूँ।"

"अब नहीं हैं तो क्या करेंगे...?"

"आपका शिष्यत्व स्वीकार कर लूँगा।"

और दोनों खिलखिलाकर जोर से हँस पड़े, मेरी चिन्तन तन्द्रा टूट गई, उसे विराम लग गया। कुछ देर लायब्रेरी में और रुका फिर उठकर घर आ रहा।

उन्नीस

सब ठीक-ठाक चल रहा था, माँ भी अब पहले से स्वस्थ थीं, काफी सहज हो गई थीं, पिताजी सन्तुष्ट थे, तीन जन की गृहस्थी और चौथी पड़ोसन शकुन्तला जो माँ की अस्वस्थता की अवधि में घर के माहौल का हिस्सा बन चुकी थी।

हमारे घर से तीन घर आगे रहती थी, अपनी स्नेहपूर्ण सेवा से उसने माँ का दिल जीत लिया था, माँ उसे बड़ा स्नेह देतीं, वह भी अपने काम से फुर्सत के फालतू समय माँ के पास आ जाती और उन्हें अकेलेपन का अनुभव न होने देती।

माँ अब शकुन्तला की सहायता से रसोई की देखरेख करतीं, मुझे और पिताजी को इस कारोबार से छुट्टी मिल चुकी थी।

महाविद्यालय की नौकरी में पाँच मास बीत चुके थे, इस अवधि में डॉ. अज़्मत अली से मेरी मनोरथपूर्ण राह, रस्म और पटरी बैठ गई थी, वह दिल के साथ, नेक और खुदा परस्त इनसान थे, मैंने कभी उन्हें किसी की बुराई करते नहीं सुना, कुल मिलाकर वह खामोश तबीयत और बहुत तौल नापकर कम बोलने वाले सज्जन थे, मुझे धीरे-धीरे उनका बड़ा स्नेह प्राप्त हो गया था, वह मुझे छोटे भाई की भाँति मानते थे और स्वीकारते थे।

मैं विषय में पैठ बनाने के लिए जी तोड़ मेहनत कर रहा था, डॉ. साहब बिला किसी भेदभाव के मुझसे अपने मूल्यवान अनुभव बाँटते, इस विषय में उन्होंने मुझे कभी भी अपने प्रति कृपणता का बोध नहीं होने दिया, हमेशा खुले मन और मस्तिष्क जो पूछता या शंकायें होती। उनका सटीक समाधान करते और यही कारण था कि मैं उनकी बुद्धिमत्ता, ज्ञान और विवेक का लोहा मानने लगा था।

मैं दो पाटों के बीच फँसकर रह गया था, एक तो नई-नई नौकरी थी और उसमें ठीकठाक ढंग से जमने जमाने का प्रयास और कुछ अज्ञात के प्रति गहरा लगाव और रुचि ने स्थायी रूप से उत्सुकता और क्रियाशीलता को जैसे द्विगुणित कर दिया था, इस पठन-पाठन, मनन और चिन्तन के चलते समय के अभाव की जटिल समस्या उत्पन्न हो गई थी।

थोड़ा-बहुत पिताजी की प्रेरणा से स्वामी जी से प्रसाद स्वरूप प्राप्त हुआ था, उसका पालन भी नित्य करता, परिणामस्वरूप कहीं और आने जाने और घूमने फिरने की स्थिति नहीं बन पड़ती थी।

दीर्घ काल से आश्रम का रुख भी नहीं कर सका था, यूँ विचार तो जीवन्त

बना रहता परन्तु जाने में असफलता आड़े आती रही।

आज रविवार था और आगामी दो दिन, सोमवार और मंगलवार को महाविद्यालय में अवकाश था, मन ही मन आश्रम तक पहुँचने की योजना बना रहा था।

पिताजी ने चर्चा के मध्य पूछा, "कितने दिन का अवकाश है...?"

"तीन...दिन...।"

"तो समय निकालकर आश्रम हो लो...।"

"सोच तो मैं भी रहा हूँ...आप चलेंगे?"

"नहीं भैया! इधर मैं न जा पाऊँगा...एक मास पश्चात...नवरात्र आने से पूर्व चलूँगा...।"

"अच्छा...ठीक है...मैं प्रयास करता हूँ।"

पिताजी मेरी बात से काफी सन्तुष्ट दीखे, फिर वह कह पड़े, "जाड़ा...समझो आ ही गया है...कुछ रुपये रखे हैं...ले लो...कुछ गर्म...कपड़ों की व्यवस्था कर लो. ..बाजार चले जाओ...।"

"आप आवश्यकता तो बतावें...रुपये हैं...।"

मेरे इस उत्तर पर पिताजी ने कहा, "अब कोई कोट पतलून पहनने की उम्र तो है नहीं, अरे देख समझ कर...सामान्य रेडीमेड कपड़े जैसे टोपा, स्वेटर वगैरह ले आना...।"

"ठीक है...चाय बन रही है...पीकर जाता हूँ...और कुछ लाना हो तो बतावें।" पूछा मैंने।

"अपनी माताजी से पूछ लो...जो कहें...घर की आवश्यकता का सामान ले आना...।"

"ठीक है...।" कहकर, पिताजी के सम्मुख रखा समाचार पत्र उलटने लगा, माँ कुछ देर बाद शकुन्तला के साथ चाय लेकर आ गईं, मैंने घर की आवश्यकता का सामान पूछा, माँ ने शकुन्तला से अन्दर जाकर सब देख समझ कर आकर बताने को कहा, शकुन्तला के बताए अनुसार एक सूची बना ली और अपनी चाय समाप्त कर, बाजार के लिए चल दिया।

राह चलते सभी चेहरे मेरी स्मृति में उतरते गए, एक गारमेण्ट्स की दूकान पर ठहर गया, ग्राहक खरीदारी में व्यस्त थे, काउण्टर पर भीड़ थी, मैं खाली कुर्सी पर बैठ गया।

भीड़ छँटी, काउण्टर खाली हुआ तो आगे बढ़कर दो टोपे और मफलर तथा स्वेटर दिखाने के लिए कह पड़ा, सेल्समैन सीढ़ी पर पैर रखकर ऊपर चढ़ गया और आठ-सात गत्ते के डिब्बे उतार लाया, उन्हें खोलकर ऊनी टोपे मेरे सामने रखने लगा।

मैं सामान देखने में व्यस्त था, पीछे से किसी ने कंधे पर दबाव बनाते हुए पूछा, "क्या खरीदारी हो रही है?"

मुड़कर देखा तो कमलेश्वर और उसकी बहिन थे, देखकर मुस्कराया और कह पड़ा, "पिताजी और माँ के लिए कुछ खरीददारी करनी है...वही देख रहा था।" फिर कमलेश्वर की बहिन की ओर देखा तो शिष्टाचारवश उसने हाथ जोड़ दिए।

मैं सहज भाव से पूछ पड़ा, "कुछ खरीदना है...?"

"हाँ! चन्द्रा को एक शाल अपने और एक माँ के लिए खरीदनी है।"

"शाल...?"

"हाँ!"

"वह तो मैं भी खरीदना चाहूँगा पर यहाँ वरायटी ज्यादा नहीं लग रही है।"

चन्द्रा तुरन्त कह पड़ी, "चलिए वन्दना गारमेण्ट्स वहाँ नया स्टाक होता है ...बड़ी दुकान है और च्वायस की रेंज अधिक होती है..."

और हम तीनों बातें करते दस मिनट की पदयात्रा के पश्चात् वन्दना गारमेण्ट्स पर थे।

वरायटी ही नहीं, सामान भी ठीक लगा और दाम भी औरों की तुलना में उचित और मुनासिब...दो...दो...शाल हमने खरीदे, फिर अपने लिए और पिताजी के दो टोपे और एक मर्दाना लोई लेने की सोच रहा था, चन्द्रा ने सलाह दी, खादी भण्डार में देख लेना उचित होगा।

दो दूकान आगे बढ़कर हम गाँधी आश्रम में थे। वहाँ पिताजी के लिए एक लोई ली और वापस हो रहे, रास्ते में पूछा कमलेश्वर से "क्या इरादा है अब...?" वह बोला, "चलो, तुम्हारे यहाँ चलते हैं अब, माताजी और बाबू जी का हाल ले लें, चन्द्रा तुम भी चलो...अभी लौटेंगे।"

रास्ते में घर की जरूरत का और सामान एक स्टोर से पैक कराया और हम तीनों घर आ रहे।

पिताजी अपने कमरे में बैठते माँ और शकुन्तला से बातें कर रहे थे, सारा सामान ले जाकर सामने रख दिया।

माँ ने पहले तो कमलेश्वर से उलाहना दिया, फिर चन्द्रा के सम्बन्ध में पूछा, सब जान समझकर, उन्होंने शकुन्तला को चाय बना लाने के लिए कह दिया।

पिताजी कपड़े उलटते पुलटते रहे और मैं स्टोर से लाया सामान रखने अन्दर चला गया।

पिताजी को टोपा और लोई दोनों पसन्द आए, माँ ने दो जनाने शाल देखा तो पूछा, "दो हैं...?"

"हाँ...दो हैं... ।"

"क्यों...?"

"अरे माँ! क्या सिर्फ तुम्हें ही जाड़ा लगता है...शकुन्तला को नहीं?"

"भैया! यह तुमने अच्छा किया जो ले आए...मुझे तो सूझा ही नहीं था।"

फिर कुछ रुककर, जब शकुन्तला चाय नाश्ता लेकर आई तो माँ ने एक शाल उठाकर उसे देते हुए कहा, "लो...जाड़ा है...भैया तुम्हारे लिए लाया है।"

"अरे माँ जी...।"

कहकर शकुन्तला चुप हो गई, चन्द्रा कुछ क्षण तो असहज लगी, फिर वह, माँ और शकुन्तला अन्दर जाकर बातें करते रहे।

माँ कुछ देर बाद चन्द्रा के साथ लौटी तो कमलेश्वर ने कहा, "चाची! अब चलेंगे...।"

"अरे भैया! चन्द्रा भी है और तुम भी...भोजन करके जाओ।"

"नहीं...नहीं...चाची! भोजन आज नहीं...।"

कहकर कमलेश्वर और चन्द्रा मेरे साथ बाहर निकल आए, माँ भी चन्द्रा के साथ बाहर तक आईं।

माँ को बताकर कि मैं डॉ. अज़्मत अली के यहाँ जा रहा हूँ, हम तीनों साथ-साथ बोलते बतियाते अपनी-अपनी मंजिल की ओर बढ़ चले।

रास्ते में और घर पर भी चन्द्रा मुझसे कुछ अधिक मुखातिब नहीं हुई, परन्तु राह चलते, बीच-बीच में वह मुझ पर अपनी दृष्टि की छाँव जरूर पसार देती थी।

मैं भी बोलना चाहकर भी अपने पर काबू किए रहा, निगाहें टकरातीं तो अन्दर-अन्दर संवाद शुरू होने लगते, जब भी यह होता कुछ नयापन अपनी रंगत बिखेर देता और मैं कभी अपने विषय में फिर कभी चन्द्रा के विषय में सोचने लगता।

अब हम चौराहे पर थे, मुझे डॉ. अज़्मत अली के यहाँ जाना था और कमलेश्वर को अपने घर, दोनों यहाँ से अपनी राह बढ़ गये।

बीस

मैं जब डा. अज्मत अली के यहाँ पहुंचा तो वह प्रतीक्षा कर रहे थे, दुआ-सलाम की रस्म अदाई के पश्चात उन्होंने कहा, "ज्योतिष में जो कुण्डली होती है, बहुत कुछ हाथ के ग्रहों और रेखाओं की स्थिति, उस से मेल खाती है," फिर उन्होंने एक कुण्डली और हस्तरेखा का प्रिंट मेरे सामने रखा, मैं ध्यानपूर्वक कुण्डली देखने लगा, लग्न में शनि और सप्तम भाव में शुक्र और दशम में सूर्य, बुध और चन्द्रमा, कुण्डली जब ध्यानपूर्वक देख चुका तो एक हस्तरेखा का प्रिंट मेरे आगे बढ़ा दिया कुण्डली जैसी ग्रह स्थिति हाथ में स्पष्ट थी, जब दोनों की गंभीरतापूर्वक अध्ययन कर चुका तो उन्होंने पूछा, "जितना इस विषय में अब तक पढ़ और समझ सके हो, उसे दृष्टिगत रखते हुए क्या कहना चाहोगे...?"

मैं कुछ बोला नहीं, परन्तु बड़े मनोयोग से मन ही मन चिन्तन मन्थन करता रहा, कुछ देर पश्चात वह फिर बोले, "अब, बताओ...काफी सोच चुके।"

"मेरी राय की अहमियत ही क्या है?"

"राय की बात कहाँ से आ गई, मैं बस यह परखना चाहता हूँ...कि आप विषय में कितने परिपक्व हो सके।"

उनके इतना कहने पर मैंने कहा, "इस व्यक्ति का जीवन पक्ष रहस्यात्मक होना चाहिए...कल्पना शक्ति के साथ-साथ प्रचुर प्रभावी वाक्शक्ति भी है, सौंदर्य बोध भी प्रभावी रहेगा...और...।"

"और क्या...?" पूछा डॉ. अज़्मत अली ने।

"और यह कि इस व्यक्ति को समझ पाना दूसरों के लिए कठिन होगा, प्रायः भ्रान्तियाँ प्रभावी रहनी चाहिए, ऐसे व्यक्ति को लोग ठीक-ठीक समझ सकें...मुझे इसमें शंका है।"

"सन्तुष्ट हुआ...ठीक कहा, बिलकुल ऐसा ही है।"

चाहकर भी मैं पूछ नहीं सका कि किसकी कुण्डली है, फिर उस दिन शुक्र और शनि ग्रह पर देर तक बातें होती रहीं। शनि ग्रह के सम्बन्ध में बहुत-सी भ्रान्तियाँ दूर हो गईं और जो अनर्गल भयावह धुन्ध, इस ग्रह के कारण मन मस्तिष्क पर छाई थी वह भी निर्मूल हो गई।

देर काफी हो चुकी थी सो इजाजत लेकर घर के लिए चल पड़ा, घर पहुँचा

तो सब सामान्य लगा, भोजन करीब-करीब तैयार होने के निकट था, सो माँ ने भोजन करने हेतु कहा, मैं और पिताजी भोजन से निवृत्त हो अपने कमरे में आ गए, माँ भी खाने के बाद वहीं चली आई, शकुन्तला भी सब काम निपटाकर और भोजन से फुर्सत कर आ बैठी।

माँ ने पिताजी की ओर देखा और बोली, "आप ही कहो...अब विवाह और टालना ठीक नहीं,

"ज्ञान की माँ! तुम भी कैसी बातें कर रही हो...जैसे मैं चाहता हूँ कि शादी न हो।"

"यह कौन कह रहा है...मैं तो कह रही हूँ कि ऐसा हो जाए तो मैं जीते जी बहू का मुँह देखकर मरूँ।"

शकुन्तला ने इतना सुना तो बोल पड़ी, "चाची! नाहक जी न छोटा करो, पहले कोई अच्छा रिश्ता तो आने दो...।"

"वह भी चर्चा में है...पर मैं भैया के कारण कुछ कह पाने की स्थिति में नहीं हूँ।"

"कौन-सा रिश्ता है...कब आया मुझे तो आपने बताया भी नहीं।" माँ ने उलाहने के स्वर में पिताजी से कहा।

मैं मौन रहने का इच्छुक तो नहीं था, पर घर के तौर तरीके और बड़े बुजर्गों की इज्जत का ध्यान मुझे अपनी जबान पर लगाम कसे रहने हेतु बाध्य किए था।

"आखिर कुछ बताओ भी तो..." माँ ने उत्सुकता जगाते हुए पूछा।

सच तो यह भी है कि उत्सुकता का नशा मुझ पर भी प्रभावी हो चला था, यह प्रकट न होने देते हुए कि मैं बातचीत में रस ले रहा हूँ...पूरा-पूरा रस ले रहा था।

आखिर शकुन्तला ने कह दिया, "चाचा! आप बताते क्यों नहीं, चाची को भी पता लगना चाहिए..."

"और मुझे..." मैंने हंसते हुए मजाक में शकुन्तला से कहा।

शकुन्तला घर में इतना घुलमिल गई थी कि माँ अपनी सेवा के एवज उसे बेटी की भांति मानती थी।

शकुन्तला का दो जन का परिवार था, एक पति जो पेपर मिल में ड्राइवर था और दूसरी शकुन्तला, एक बच्चा हुआ था, फिर ईश्वर जैसे रूठ गया था, कोई सन्तान न थी।

पिताजी ने माँ को देखते हुए कहा, "ठीक कह रही हो, अब भैया भी बैठा है और शकुन्तला भी, तो बात हो ही जानी चाहिए।" और इतना बोल कर पिताजी ने शकुन्तला से कहा, "बच्ची! जो कुछ तुमने आज शाम को मुझे बताया है, वह

सब कह दो।''

इतना सुना तो मैं बात का सिर-पैर पकड़ने में उलझ गया, बहरहाल शकुन्तला ने चुप्पी तोड़ते हुए कहा, ''आज सुबह की बात है, मुझे दुष्यन्त भैया ने बुलवाया था, मैं वहाँ पहुँची तो कुछ देर बाद चन्द्रा, उसके भैया भी वहाँ पहुंच गए, चाय पानी होने लगा और बात चन्द्रा के विवाह को लेकर शुरू हो गई।''

''फिर...'' माँ ने उत्सुकता से पूछा।

''फिर क्या दीदी (दुष्यन्त भैया की पत्नी) ने कमलेश्वर से कहा, आखिर कैसा वर और घर चाहिए, कुछ बताओ तो सही...'' शकुन्तला ने आगे बताया।

इस पर थोड़ी देर सब चुप रहे, फिर कमलेश्वर ने बात आगे बढ़ाते हुए कहा, ''अब भाभी! हम लोग जैसे हैं, आप और भाई साहब खूब जानते हैं, आपसे कुछ छिपा नहीं है, पिताजी को रिटायर होने में पाँच मास हैं...यदि सम्बन्ध हो जाता कहीं तो उन्हें बड़ा सुकून मिलेगा।''

''ठीक कहते हो...आखिर चन्द्रा की राय भी ली...यह पढ़ी-लिखी है...अल्लाह मियाँ की गाय मत बनाओ...इसकी राय भी जरूरी है।'' दुष्यन्त ने अपना मत प्रकट करते हुए इतनी बात कही।

''कुल किस्सा बस इतना ठहरा कि इस प्रसंग में भैया तुम्हारा जिक्र आ गया और फिर सब गद्गद हो गए, उन्होंने तय किया और शायद शीघ्र चन्द्रा के पिता चाचा और चाची से मिलने आवेंगे।''

बात बहुत हद तक साफ हो गई थी, मैं उठने को हुआ तो पिताजी ने बैठने को कहते हुए कहा, ''भैया! हम कुछ थोपना नहीं चाहते, तुम सब जानते हो अपने परिवार के विषय में भी और उनके परिवार के विषय में भी, तुम्हारी माँ की लालसा भी तुम्हें ज्ञात है, इससे पहले कि चन्द्रा के परिवार की ओर से बात आये...हमें विचार कर राय निश्चित कर लेनी चाहिए, फैसला स्वयं तुम्हें ही करना है।''

ऊपर से सावधानीपूर्वक अज्ञानता और अनजान बने रहने की भूमिका का निर्वहन करते हुए, मन ही मन गद्गद तो मैं काफी था, कुछ देर बाद मैंने पिताजी से कहा, ''पहले उस परिवार से बात आए तो...अभी तो बात आई ही कहाँ है...?''

पिताजी ने पूरी गंभीरता से कहा, ''मेरा मतलब है अगर बात आ जाए तो...।''

माँ ने इतना सुना तो मुझे देखने लगी, उनके मन छलछलाए हुए लगे, मेरे मन में यह भाव जागा कि संभवतः माँ को मेरे इनकार कर देने का भय व्याप्त है।

फिर पिता और माताजी के एक साथ कहने पर, मैंने माँ के वात्सल्य और

पिता के द्वारा मेरे लिए किए गए कठोर श्रम को याद करके और खातिर में लाते हुए मैंने अपनी स्वीकृति, बिना कुछ सोचे-विचारे प्रदान कर दी।

माँ ने आँचल से आँखों की कोर पर आया पानी पोंछा और पिताजी ने उठकर मुझे गले से लगा लिया, भावना के वशीभूत मैंने माँ, पिता और शकुन्तला के चरण स्पर्श किए, शकुन्तला न...न चिल्लाती ही रह गई और माँ उसे समझाने लगी...''पगली तू बड़ी बहन है पैर छूना चाहिए।''

इक्कीस

कन्या पक्ष के लिए विवाह का जटिल प्रश्न रात की नींद और दिन का चैन हराम कर देने वाला सिद्ध होता है, कमलेश्वर के और मेरे परिवार में विवाह से सम्बन्धित एक जैसी समस्या थी।

दुष्यन्त, दुष्यन्त की पत्नी और कमलेश्वर के मध्य काफी सोच-विचार के पश्चात यह बात कमलेश्वर के पिताजी से बताई गई, दो रोज गहन गंभीर विचार मन्थन के पश्चात, उनकी सहमति सहज उपलब्ध हो गई।

अवसर निकालकर वह पिताजी से मिले, दो-तीन बैठकों के पश्चात, सारा मामला मेरी स्वीकृति और रजामंन्दी पर आकर ठहर गया, मैंने दूर तक न सोच कर माँ, पिता और अपनी स्थिति पर दृष्टि केन्द्रित करता और सोचता फिर पिता और माताजी के एक साथ कहने पर, मैंने माँ के वात्सल्य और पिता के द्वारा मेरे लिए किए गए कठोर श्रम को याद करके और खातिर में लाते हुए मैंने अपनी स्वीकृति, बिना कुछ सोचे-विचारे प्रदान कर दी।

जिस्मानी जरूरतें जब नितान्त एकान्त में, व्यक्ति से संवाद करने लगती हैं तो व्यक्ति कभी-कभी हरा भरा और सुर्खरू होने के बावजूद भी, इस जुनून से किनारा करने के लिए गहरे से गहरे तल में पनाह लेना चाहता है।

और जिन्हें पनाह नहीं मिलती वह हारे हुए जुआरी की तरह अपना सब कुछ दाँव पर लगा चुके होते हैं।

जीवनयापन करने की दृष्टि और जैसी कैसी भी सूझबूझ सभी के पास है, यह कहीं बिकती नहीं और न उधार मिलती है कि व्यक्ति अपनी आवश्यकता के अनुसार ले ले और काम चलाए। उसे अपने ही भरोसे काम चलाना पड़ता है।

जिन्दगी का तल्ख यथार्थ कभी-कभार इतनी चोट करता है कि आदमी कराहना चाह कर भी नहीं कराह पाता, उसके मुँह में शब्द जम कर रह जाते हैं और वह उन स्थितियों में मात्र मूक दर्शक जैसा होकर रह जाता है, जीवन की यह हकीकत एक-एक करके सब 'कसोबल' निकालकर रख देती है और आदमी न चाहते हुए भी अपने आदमी अर्थात् पौरुषवान होने के अभिमान आकाश से धरातल की माटी चूमने लगता है।

मेरे साथ भी समय ने क्रूर मजाक करने में किंचित भी न तो लज्जा की अनुभूति की और न मेरी बेबस जिन्दगी पर रहम ही।

कुल किस्से का सार यह कि प्रारब्ध की मार ने वह अर्जित नहीं करने दिया जो तमन्ना थी, एक महाविद्यालय की नौकरी पर सन्तोष करना पड़ा।

पिताजी की इच्छा इसी कारण बाधित रही और विवाह सम्बन्ध के मामले में रिश्तेदारों नातेदारों ने मुँह मोड़ लिया, अब जब ऐसी स्थिति सम्मुख हो तो आप अपनी शादी के लिए, किसी का दरवाजा तो जाकर खटखटायेंगे नहीं।

मृत्यु तो बहाना ढूंढ़ती है, पर और जो भी रहा हो, मेरे कुँवारेपन का सदमा उठाए, पिताजी इस संसार से विदा हो गए, उनके न रहने पर मुझे अपनी जिद का तीव्रता से अहसास हुआ था, परन्तु वक्त गुजर गया था और हमारी स्थिति लकीर पीटने जैसी थी।

चन्द्रा के प्रति लगाव और उलझाव, इस तौर और तरीके का नहीं था कि हम दोनों दाम्पत्य सूत्र में बँध ही जाते, परन्तु दोनों परिवारों की परिस्थितियाँ, इस समागम में महत्त्वपूर्ण भूमिका का संचालन कर रही थीं।

यूँ मैं ढाई वर्षों से उसे जानता, पहचानता और समझने का यत्न साध रहा था, पर मुझे अपनी माँ की स्थिति को दृष्टिगत रखते हुए और चन्द्रा के परिवार को अपने दायित्व के प्रति सजग सक्रियता के बोध के नाते, दुष्यन्त, दुष्यन्त की पत्नी और कमलेश्वर की परस्पर मंत्रणा के पश्चात, चन्द्रा से विवाह का प्रस्ताव सामयिक लगा और अन्य कुछ भी विचारे बिना, सम्बन्धों की लाज बचाते हुए, स्वीकार कर लेना अटपटा नहीं लगा।

विवाह तो खैर हो गया, माँ को सहारा भी मिला पर इस कसक के साथ कि पिताजी के जीवन रहते, यह कार्य सम्पन्न हो गया होता तो शोक और सन्ताप सेंधमारी न कर पाते।

हम दोनों नौकरी से थे, इतना तो प्राप्त हो ही जाता था कि दोनों मिलकर आज के प्रगतिशील युग में भूख से आत्महत्या करने वालों से कहीं बेहतर और आराम से थे।

माँ की सुविधा के लिए नौकरानी की व्यवस्था आवश्यक और अनिवार्य थी, सो कर दी गई, सब काम धीरे-धीरे पटरी पर आ रहा था, दुष्यन्त की पत्नी और चन्द्रा एक ही विद्यालय में सेवारत थीं, वैसे मैं और दुष्यन्त भी एक ही महविद्यालय में थे, परन्तु दुष्यन्त ने अपने 'प्रोफेशन' में बदलाव की कामना से एक दैनिक में लखनऊ जाकर अड्डा जमा लिया।

लखनऊ दूर न था, सप्ताह में तो शनिवार की रात्रि में वह आ ही जाता और

रविवार रात भर रह कर प्रातः लौट जाता, मैं स्वयं, माँ और चन्द्रा, दुष्यन्त की पत्नी को अकेलेपन को बोध नहीं होने देते थे।

हमारी शादी को दूसरा महीना था, चन्द्रा ने दो रोज से नैनीताल तफरीहन टहलने की रट लगा रखी थी, मैं माँ को अकेला छोड़कर जाने का पक्षधर नहीं था और माँ की स्थिति साथ चलने की थी नहीं।

चन्द्रा का तर्क था कि जब माँ की स्थिति ठीक नहीं तो उन्हें ले चलने से फायदा?...हमीं दोनों चलते हैं सप्ताह भर की तो बात है...?

सुनकर हंस तो मैं दिया पर अन्दर-अन्दर अपने पर भी हँसने का साहस जुटा रहा था और सोच रहा था कि मेरा भावनात्मक रिश्ता माँ के साथ इस प्रकार के आचरण को कितना न्यायोचित स्वीकारेगा...?

आज चौथा दिन था, घर का माहौल इस समस्या पर बदरंग होने जैसी स्थिति को प्राप्त होने लगा था, अभी हम दोनों बातें कर ही रहे थी कि दरवाजे पर खट्-खट् हुई, मैंने जाकर देखा, डॉ. अज़्मत अली और उनके साथ अमीर हसन साहब खड़े थे।

दुआ सलाम के बाद मैं उन्हें अन्दर लिवा लाया और हम लोग बैठ गए तो मैंने चन्द्रा को पुकार कर कुछ जलपान के लिए कहा, कुछ देर बाद जलपान लिए नौकरानी के साथ चन्द्रा भी आई।

चाय सर्व हो गई तो मैंने रस्मन हालचाल पूछा, डॉ. अज़्मत अली से उत्तर की अपेक्षा थी, बोले अमीर हसन साहब,

"भाई डाक्टर साहब! आपके बारे में डॉ. अज़्मत अली से बहुत बार सुना, आज शौक जुनून की हद तक पहुँचा तो इन्हें साथ लेकर शर्फ़े मुलाकात हासिल करने आ गया हूँ।"

मैंने गौर से एक नजर अमीर हसन पर डाली और बोला, "जहे किस्मत... आप तशरीफ लाए, शुक्रगुज़ार हूँ, यह तो डॉ. साहब का बड़प्पन है..."

"अमें मियाँ! खूब याद दिलाया, बड़प्पन तो इनमें छोटेपन से ही हम देखते और नापते जोखते आ रहे हैं..."

अमीर हसन के इस कथन का कोई अर्थ मेरी समझ में नहीं आया और मैंने अनुभव किया कि चन्द्रा कुछ बोरियत महसूस कर रही थी, सो वह अपने प्याले के साथ उठकर चली गई। मैं मन ही मन शर्मिन्दा हो कर रह गया, इस विचार से भी यह शिष्टाचार की श्रेणी में तो किसी अर्थ में भी नहीं आता, उठने और जाने के भी तरीके होते हैं...खैर मैं यही सोच रहा था कि अमीर हसन बोल पड़े—

"आपकी रफ़ीक-ए-हयात थीं..."

''जी, ठीक कहा आपने, यह श्रीमती चन्द्रा हैं और डा. ज्ञान की पत्नी हैं।

''ठीक है...माफी चाहता हूँ...शमा खराशी के लिए... वैसे डॉ. साहब आना नहीं चाहिए था, डा. ज्ञान साहब! आइन्दा आयेंगे तो इत्तला देकर आयेंगे...अच्छा इजाजत दीजिए...आदाब...।''

और उठकर दोनों खड़े हो गए, चाहकर भी मैं कुछ कह नहीं सका, दोनों को दरवाजे तक पहुँचाकर लौट आया।

बाईस

अन्दर पहुँचा तो माँ बसन्ती से बातें करती हुई, उसे नसीहत देती प्रतीत हुई, झाँका तो चन्द्रा कमरे में नहीं थी, पूछना माँ के सामने मुनासिब नहीं लगा, मैं दूसरे कमरे में गया तो देखा चन्द्रा पालीथीन के एक बैग में दो-चार कपड़े सहेज कर रख रही है। इतना देखा तो मैं कह पड़ा, "अरे, तुमने तो तैयारी भी शुरू कर दी, अभी तय ही कहाँ हुआ कि हम लोग चलेंगे।"

"देखिये मुझे आपसे इसकी उम्मीद भी नहीं है...मैं दो रोज के लिए माँ के पास जा रही हूँ, सोमवार शाम को लौट आऊँगी।"

चन्द्रा से इतना सुनकर मैं पूछ बैठा, "खैरियत तो है, कोई खास बात है क्या?"

"जी, इस घर से ज्यादा खैरियत है और खास बात, आप पूछ रहे हैं तो बताती हूँ...काफी बोरियत महसूस कर रही हूँ...इसलिए थोड़ा 'चेंज' चाहती हूँ।"

सुना तो चेहरे पर कोई भाव प्रकट न होने देने की जद्दोजहद अन्दर ही अन्दर करता रहा, सोचने लगा कि रोकूँ, फिर सोचा, यदि कहने के बाद भी जिद कायम रही तो बात और बिगड़ सकती है, बात को दरगुजर करने की गरज से कह पड़ा, "ठीक है...माँ से बता कर इजाज़त ले लो, वह कुछ और विचारें यह ठीक नहीं।"

"देखिए, उनसे इजाजत लेने का अर्थ ही क्या है, उन्हें विचारना ही है तो जो चाहें विचारें, आपको बता दिया है, यह मेरे और आपके बीच की बात है...माँ इसमें कहाँ आ गई?"

इतना सुना तो सन्न होकर रह गया, कमरे से लौट आया और मन मारकर समाचार पत्र उठाकर, पढ़ने तो क्या तस्वीर देखने लगा, कुछ देर समाचार पत्र में प्रकाशित चित्रों से अपनी पत्नी के चेहरे पर उपजने वाले आक्रोश में आकर्षण ढूँढ़ने की व्यर्थ चेष्टा करता रहा, अभी मैं उलझा हुआ था और गुत्थी सुलझा नहीं पा रहा था कि चन्द्रा बाहर आई, पालीथीन बैग हाथ में और उसने मुझे देखते हुए कहा, "जा रही हूँ।"

अब क्योंकि मन में इस क्रिया के परिणामस्वरूप जो प्रतिक्रिया उपज कर चेहरे पर नमूदार हो रही थी, उसकी पड़ताल के लिए मैं आईने के रूबरू खड़ा हो रहा।

मैं अन्दर कुछ सोचता और चेहरे पर आईने के सामने कुछ पढ़ता, यह सिलसिला कुछ देर तक और चलता अगर माँ ने चन्द्रा को पुकारा न होता।

आईने के सामने से हट कर मैं माँ के पास पहुँचा, बताना चाहता था, मगर

मुझे लगा कि शब्द मेरा साथ नहीं दे रहे हैं, अभी मैं चुप ही था कि बसन्ती ने माँ को बता दिया कि भाभी अपने यहाँ गई हैं, सोमवार की शाम लौटेंगी, अनजानेपन का लबादा ओढ़ते हुए मैंने बसन्ती से पूछा, "तुम से बताकर गई है क्या?"

"अरे भैया! मुझसे क्यों बतातीं, आप से जब कह रही थीं तभी मैंने सुना था।"

इतना सुना तो माँ के सामने आँखें मिलाने की हिम्मत जवाब दे गई, माँ ने आखिर पूछा, "तुमसे पूछ कर गई है बहू...?"

"माँ! वह जाने के लिए तैयार हो रही थी, बताया भी था, परन्तु मैंने कहा था कि माँ से बता कर जाना।"

"भैया! चलो...मुझसे न भी पूछती मगर तुमसे तो पूछना चाहिए था...।"

और माँ इतना कहकर दीवार पर टँगे पिताजी के चित्र को एकटक दृष्टि से निहारने लगीं।

वातावरण बोझिल होता जा रहा था, बसन्ती को समझा-बुझाकर मैं बाहर निकल आया, कहाँ जाऊँ...कुछ सोच नहीं पा रहा था, फिर अनायास कदम डा. अज़्मत अली के बंगले की जानिब बढ़ गए।

मैं पहुँचा तो डॉ. साहब के साथ अमीर हसन चाय की चुस्कियाँ ले रहे थे, पहुँचकर 'आदाब अर्ज़' पेश की, दोनों खुश नजर आए। अमीर हसन बोले, "भाई डॉ. साहब! मैं थोड़ा बेतकल्लुफ़ आदमी हूँ...वज़ादारी जरूरत से ज्यादा पसन्द नहीं करता, खुदा आपको लम्बी उम्र दे...आपका ही जिक्र हो रहा था।"

"अपनी नालायकी की वजह जान सकता हूँ..." पूछा मैंने।

"दरअसल लायक और नालायक बात का सिरा नहीं था, बात थी कुछ ऐसी जिसका तज़किरा अब गैर मुनासिब और बेमायनी है।

इतना सुना तो साँप सीने पर लोट गया, बहुत पूछने की कोशिश पर डॉ. अज़्मत अली ने विराम लगा दिया, मन ही मन सोचने लगा बेटा! चौबे बनने आए थे और दूबे भी नहीं रह गए...खिन्नता का पारा जो चढ़ रहा था और भी ऊपर चढ़ने लगा, मन मार कर विचारों को मसोसे हुए बैठा रहा, ठीक वैसे, जैसे उम्मीद और आस की जगर जगर लौ लिए मस्जिद के दरवाजे पर कोई सवाली, अपने जख्मों पर मरहम रखने की आस में दोपहरिया में तपता हो।

कुछ देर बाद अज़्मत अली ने बात शुरू कि उन्होंने मुझे लक्ष्य करते हुए कहा,

"डॉ. ज्ञान! संभावनाएँ कब प्रभावी हो जाएँ कहा नहीं जा सकता, वैसे मैं समझता हूँ कि आप के पास सोच, फिक्र, शब्द और कलम की ताकत, सभी कुछ है...आपको अब लिखना चाहिए...यह लेखन ही घुटन का सबसे प्रभावी और कार आमद इलाज है।"

डॉ. अज़्मत अली अपना बयान पूरा ही कर रहे थे कि अमीर हसन बीच में

बोल पड़े, ''माफी चाहता हूँ...फिर भी मेरा विचार है कि आप एक सफल लेखक साबित करने की सलाहियत रखते हैं।''

मैं कह पड़ा...''आपकी बात दमदार होते हुए भी बेदम है, मुझे अपने बारे में न तो कोई खुशफहमी है और न ग़लतफहमी...लेकिन आप किस दावे से कह रहे हैं?

अमीर हसन ने जवाबन कहा, ''मियाँ डॉ. साहब! दावा है और बात में दम भी है...पी.सी.एस. में परीक्षा होती है, फिर अगर एन्ट्रेंस पास भी कर लो तो इण्टरव्यू ...यह वैतरणी सबसे पार नहीं हो पाती, अरे जनाब! इसमें न तो परीक्षा है, न इण्टरव्यू ...फिर डर और दहशत बैठाने और दिमाग का अर्क़ निकालने की बात है और वह दोनों सिफ्तें आपकी जेब में हैं।''

डॉ. अज़्मत अली ने काफी जोर शोर से अनुमोदन किया और यह भी कह गुजरे कि आपका समय अब लेखन की ओर उन्मुख होने का सबसे उपयुक्त अवसर है।

अमीर हसन यूँ तो अपनी बात कहकर खामोश हो रहे थे, परन्तु डॉ. अज़्मत अली की बात से सहमति जताते हुए उन्होंने कहा, ''अज़्मत भाई! वह जरा सिगरेट केस उठाओ...अमे तलब ने मजबूर कर दिया, वैसे हम खरीद कर पीने वाले हैं... माँग कर नहीं...आज लगता है सिग्रेट की डिब्बी दूसरी शेरवानी की जेब में रह गई।''

डॉ. अज़्मत अली ने सिगरेट केस से दो सिगरेट निकालीं, एक अमीर हसन की ओर बढ़ाई और दूसरी अपने लिए, फिर सिगरेट सुलगाकर, उन्होंने कहा, ''अमीर साहब! धुआँ उस तरफ...डॉ. ज्ञान सिग्रेट नहीं पीते...''

इतना सुनना था कि अज़्मत अली एक तरह से चहके, ''भई खूब, डॉ. साहब! पूरी जिन्दगी में धुएँ के सिवा और है क्या, आप पर अगर यह राज खुल जाए तो इस धुएँ से आपका परहेज़ हवा हो जाएगा।''

और न चाहते हुए भी मैं उन दोनों की हंसी में शरीक हो गया, वक्त काफी गुजर गया था, मैंने घर की राह पकड़ी।

तेईस

घर हो तो और ठौर उतना सुख-दुख नहीं बाँटता जितना घर, कलुष-क्लेश, राग अनुराग, क्रोध और उसका उतार-चढ़ाव, सब अपनी-अपनी अलग छटा लिए होते हैं, घर पहुंच कर भोजन की इच्छा मर गई थी, माँ बाकी थीं वह मेरी बाट जोह रही थीं।

पिताजी अपने संध्या वन्दन में थे, शकुन्तला आई और बोली, "चाची ने भोजन नहीं किया...इन्तजार कर रही हैं...चलो खा लो" मैं उठा और माँ के पास जाकर कह पड़ा।

"मेरा मन नहीं है...आप खा लो।"

"क्यों ...मन क्यों नहीं है... ।"

"बस, वैसे कोई बात नहीं।"

"कहीं...खा के आए हो...?"

"नहीं..."

माँ ने समझाते हुए कहा, "देखो भैया! बहू के बर्ताव को गाँठ न बाँधो... भोजन से क्रोध नहीं करना चाहिए।"

मुझे लगा माँ ने जैसे चोरी पकड़ ली है, इधर-उधर की बहुत बातें कीं फिर जब माँ ने कहा, "मुझे तो बुरा नहीं लगा, मेरे लिए तुम नहीं सोचो...अभी परिवार को समझने में बहू को देर लगेगी, तुम भोजन करो।"

और माँ ने दो थाली में भोजन परसा, अपनी थाली का भोजन कम करा कर, माँ का मन रखने भर को भोजन कर लिया, समझ तो माँ भी गई थीं और मैं स्वयं भी, पर हम दोनों ने इस पर चर्चा उचित नहीं समझी।

भोजन से निवृत्त होकर मैं अपने कमरे में चला गया, वस्त्र बदले और बिस्तर पर पड़ रहा। करवट पर करवट बदलता रहा और एक अनबुझी उलझन का शिकार हो कर रह गया, यह सिलसिला देर तक रहा, सुकून नसीब नहीं हुआ तो घड़ी देखी, रात्रि के डेढ़ बज रहे थे, सिर्फ मैं जाग रहा था और पूरा घर खर्राटे भर रहा था।

नींद से विरक्त, इस घटना के कारणों की खोज से उलझा रहा, न तो दुष्यन्त से और न उसकी पत्नी से कभी कोई शत्रु भाव रहा, आखिर मेरा भी हित उन्होंने

इस रिश्ते के कराने में सोचा ही होगा, मान लेते हैं कि कमलेश्वर के परिवार का हित कुछ अधिक सोचा हो...

फिर मैं करवट बदलता और कमलेश्वर के सम्बन्ध में सोचता इतने दिनों से मित्र है, कभी मजाक में भी हम दोनों में मुँह फुल्वल नहीं हुई, उसका स्वार्थ बहन का विवाह ही तो था, मुझे भले से देखा, परखा और पहचानता था, उसने दोनों के मंगलमय भावी जीवन को दृष्टिगत रखकर यदि ऐसा प्रयास रच कर उसे अंजाम तक पहुँचा ही दिया तो उस बेचारे का कसूर कहाँ है?

मेरे चिन्तन में कोई भी इनमें दोषी नहीं ठहरता था, अब जब मैंने करवट ली तो मेरी दृष्टि चन्द्रा की तस्वीर से टकरा गई, वह पुस्तकों की बगल रखी हुई थी, मैं गौर से तस्वीर पर दृष्टि गड़ाये देखता रहा, फिर इसी चिन्तन में डूबे डूबे मैं सवाल करने लगा, चन्द्रा! आखिर तुम्हारे इस बर्ताव का अर्थ क्या है...ऐसा आखिर क्यों हुआ...? सिर्फ घूमने के लिए जाने में व्यवधान के कारण...सोचो...माँ को इस स्थिति में छोड़कर जाना वाजिब था...? मैं सिर्फ प्रश्न पर प्रश्न कर रहा था।

तस्वीर कभी उत्तर देती है...तस्वीर तस्वीर ही रहती है उसके जबान नहीं होती, उसकी भाषा में मौन जो और जितना होता है वही बूझने और गहरे पैठ कर हासिल करना होता है।

मेरी सोच कुछ ऐसी प्रभावी थी कि निष्पक्ष रहने के सारे प्रयत्नों के पश्चात भी मैं चन्द्रा को निर्दोष स्वीकारने का मन नहीं बना पा रहा था।

फिर मुझे महसूस हुआ, माँ के प्रति मेरी भक्ति मुझे निष्पक्ष चिन्तन से अवरुद्ध कर रही है, मैं अपने और माँ के सम्बन्ध में सोचने को बाध्य हो गया और अन्ततोगत्वा प्रातः भोर की किरण के प्रकाश के साथ, मेरे मस्तिष्क में चन्द्रा की छबि एक जिद्दी और नई जीवन शैली से प्रभावित लगी, इतना महसूस होते ही मेरे बदन में सिहरन दौड़ गई और मैं बड़बड़ा उठा, "माँ की कीमत पर पत्नी से यदि न पट सकी तो क्या होगा?"

भोर हो चुकी थी, माँ उठ चुकी थी, पिताजी भी जाग गए थे, शकुन्तला भी आ गई, चाय आई...और प्याला रखते हुए शकुन्तला ने कहा, "भैया ! आँखें लाल हैं...सोए नहीं लगता है...या फिर कोई तकलीफ है।"

माँ ने सुना तो शकुन्तला से पूछा, उसने वही सब कह दिया, बात खत्म हो कर भी खत्म नहीं हो पा रही थी।

महाविद्यालय गया, लौटते समय मन में विचार आया, दुष्यन्त के घर होता चलूँ...फिर सोचा कहीं जिक्र हो गया तो बात घर से बाहर हो जाएगी...चलो डॉ. अज़्मत अली के यहाँ बैठते हैं।

यही निश्चय कर निकला और बुक स्टाल में नई पत्र पत्रिकायें लेने के लिए प्रवेश कर गया, श्रद्धा दुष्यन्त की पत्नी काउण्टर पर मिल गई, देखा तो थोड़ी उलझन हुई, हालचाल हुआ और वह आग्रहपूर्वक घर ले गई, करीब दो घण्टे व्यतीत हुए, तमाम विषयों पर बातें हुईं, फिर दुष्यन्त का फोन आया, हम दोनों ने बातें कीं, तीन दौर चाय के चले और आठ बजने के करीब था मैं माफी माँगते हुए उठ खड़ा हुआ, श्रद्धा मुझे दरवाजे तक छोड़ कर वापस हो गई।

मैं सड़क पर अपने घर की ओर जा रहा था, कुछ तो मन में चल ही रहा था, लेकिन मुझे बार-बार यह भ्रम साले जा रहा था कि जैसे मैं अकेला नहीं चल रहा हूँ, विचारों की डगर पर श्रद्धा मेरे साथ कदम से कदम मिलाती चल रही है।

घर पहुँचा, कपड़े बदले, अपने बिस्तर पर लेट गया और सामने रखी चन्द्रा की तस्वीर से न उलझने के प्रयास में भी उस पर दृष्टि ठहर गई।

मन में विचारों के कई उतार-चढ़ाव आए और गए, परन्तु मैं चित्र से अपने को अलग नहीं कर सका, विचारों के इस संग्राम में अपने विजयी होने की कामना से मैंने तस्वीर के रूप को घुमाकर दीवार की ओर कर दिया, एक से दो मिनट तक आँखे मूँदे रहा, फिर बल्ब बुझाकर माँ के पास गया, पिताजी भोजन कर रहे थे, हमेशा मैं और माँ बाद में खाते, शकुन्तला नहीं दीख पड़ी, पूछना चाह कर भी चुप रहा।

कुछ देर बाद माँ और मैं भोजन के लिए बैठे, माँ ने अपने स्वभाव के अनुसार मुझसे कहा, "भैया! आखिर बहू चाहती क्या है?"

"कुछ नहीं, तुम्हें यह सिर दर्द क्यों उठने लगा...?" पूछा मैंने, "सिर दर्द नहीं ...आखिर भैया! कोई कारण तो जरूर है, अब तुम बताओ या न बताओ...।"

"कोई कारण नहीं है...जब समझ लूँगा तो बता दूँगा।"

"देखो...जिद अच्छी बात नहीं होती...बहू होती तो मैं पूछती पर तुमसे कह रही हूँ...इसे और बढ़ाओ नहीं खत्म करो...।"

"अम्मां! तुम नाहक परेशान हो...कोई बात नहीं है।"

कहकर मैं अपने बिस्तर पर चला आया, चलते वक्त दुष्यन्त की अलमारी से एक उपन्यास उठा लाया था, पढ़ने की बात मस्तिष्क में कौंधी और मैंने टेबल पर एक ओर रखे उपन्यास को उठाकर पढ़ने के लिए खोला।

श्रद्धा ने उसे दुष्यन्त के जन्म दिन की बधाई पर खरीद कर उपन्यास भेंट किया था, अब उस पर तारीख अंकित नहीं थी, इसलिए यह निर्णय नहीं कर सका कि यह विवाह से पहले दिया था या विवाह के पश्चात।

कहीं-कहीं से उलट-पुलट कर दस-बारह पृष्ठ पढ़ गया, और पढ़ने का मन था, पर झपकी आने लगी और उपन्यास उठाकर मेज पर रख दिया, बिजली आफ कर नाइट बल्ब जला दिया।

अभी शायद झपकी आने को थी कि मेरे मस्तिष्क में श्रद्धा सजीव हो उठी, फिर मैं उस संध्या की बातों को याद करते-करते सो गया।

सुबह उठने को था तो मुझे लगा, जैसे श्रद्धा जगाकर मुझे कुछ समझाना चाह रही है।

एक दो मिनट मुझे अपने को संतुलित करने में लगे, फिर मैं अपने दैनिक रुटीन में व्यस्त हो गया।

चौबीस

आखिर सोमवार की संध्या भी आई, मैं अपने महाविद्यालय से लौट आया था, घर पर बैठा, पिताजी के साथ चाय पी, माँ ने पूछा, "बहू का कोई संदेश मिला" उत्तर देने की सोच रहा था, पिताजी कह पड़े, "अरे कोई परदेस गई है, आने को कह गई है तो आ जाएगी।"

इस चर्चा की प्रतिक्रिया स्वाभाविक रूप से मुझ पर होनी थी, हुई भी...क्योंकि महाविद्यालय से लौटते समय मैं इन्हीं बिन्दुओं पर विचार मंथन करता आ रहा था और यह निश्चय भी कर लिया था कि मैं और चन्द्रा, घर से कहीं अलग बैठकर आज ही, उपजी गलतफहमी और दुविधा को दूर कर लेंगे, यह हम दोनों के हित में भी होगा, परन्तु वह पहुँची नहीं।

यह सोच कर कि अभी पाँच बजा है, हो सकता है छः, साढ़े छः या सात बजे तक आ जाए, मैं डॉ. अज़्मत अली के बंगले जाने का मन ही मन निश्चय कर रहा था, पिताजी ने बाजार के दो काम सौंपते हुए बाजार जाने की बात कही, अपनी बात वैसे ही मन में थामे मैं बाहर हो रहा।

डॉ. अज़्मत अली के पास एक सज्जन और बैठे थे, मेरे पहुंचने पर बीस पच्चीस मिनट बाद उन्हें बिदा कर चुके तो मुझसे मुखातिब हुए, "आज कई दिनों के बाद सूरत दिखा रहे हैं आप...कहीं बाहर थे क्या? मियाँ! खैरियत तो है?"

अभी मैं जवाब परोसता, अभी रहसन साहब अपनी छड़ी ठोंकते और 'आदाब' की गूँज से कमरे में प्रवेश कर गए।

डॉ. अज़्मत अली ने कुछ शब्दों के हेरे-फेर के साथ अपनी बात का सिरा पकड़ कर, फिर बात दोहराई, मैंने मौलाना अमीर हसन की ओर दृष्टि पसारी तो मौलाना मुझसे पहले, एक मासूम हँसी बिखेरते हुए फरमाने लगे।

"अमे भाई जान! आप डॉ. ज्ञान से बेवजह सवाल कर रहे हैं...आप कैसे नजूमी हैं जो इतना नहीं भाँप सकते चेहरा देखकर भी कि बेचारे घायल हैं और हरकत में तड़पन उबली पड़ रही है।" इतना कहकर मौलाना फातहाना अर्थात् विजयी मुस्कान से खिलखिला पड़े।

इतना सुनाकर बोलती तो बन्द हो चुकी थी पर मैं सोच रहा था, यह कम्बख्त कैसे बूझ गया, फिर सोचा अन्धर सट अपनी बात कह गया, यह तो इत्तिफाकिया है कि तीर निशाने पर बैठ गया।

अभी सोच-विचार में ही बूड़ उतरा रहा था कि मौलाना ने फिर कहा, "अमाँ डॉ. साहब! दमघोंटू बीमारी से निजात का रास्ता है कि अपने दिल नशीं दोस्तों से अपना दुःख दर्द कहो...सलाह लो...आखिर दोस्त होता किसलिए है।"

मौलाना अमीर हसन के इस जुमले ने मेरी कमजोर रग पर चोट की थी और मैं असहाय होकर रह गया, शायद चेहरे पर उभरने वाले भावों पर मौलाना का गहरा और तजर्बे से परिपूर्ण अध्ययन था, उन्होंने एक बार फिर दृष्टि डालते हुए कहा।

"भाई डॉ. साहब! मैं डॉ. ज्ञान साहब को इस महफिल में गैर नहीं मानता, आप ने कई बार इन जातेशरीफ का जिक्र किया, मैं भी इन्हें अपने करीब दोस्त मानता हूँ...पर..."

"पर...क्या..." पूछा मैंने।

"अरे वह यही मियाँ! कि बिलकुल नई शादी और चेहरे के हुस्न का आलम की मालूम होता है कमण्डल लेकर हरिद्वार जाने की तैयारी है...अमें! जिन्दगी जियो ...बहारें देखो...रंज मलाल, अफसोस और चिन्तायें दो वर्ष के लिए छोड़ दो...मेरे भाई! बाकी जिन्दगी क्या कम है पापड़ बेलने के लिए?"

मौलाना अमीर हसन करीब-करीब बज चुके थे, मैं महसूस कर रहा था कि अब वह चाय और सिग्रेट की फर्माइश करेंगे और तब वार्ता को दूसरी दिशा स्वतः मिल जाएगी, मुँह खोलना मुनासिब इसलिए भी नहीं लगा कि डॉ. अज़्मत अली को मैं देख परख और जान मान चुका था, पर इन्हें अभी रस्मी सिलसिले से आगे नहीं जोड़ पाता था, फिर मेरी स्थिति जो और जैसी थी, उस पर डॉ. अज़्मत अली से तो बात और सलाहकर सकता था, पर इन महाशय के सामने "नयन खोने" वाली कहावत प्रतीत हो रही थी सो चुप लगा गया।

एक बार गहरे से डॉ. अज़्मत अली की ओर देखकर उन्होंने मेरे अनुमान को सही ठहराया, डॉ. साहब ने नौकर को आवाज दी और चाय और सिग्रेट बिला फर्माइश मँगवाई।,

इस बार मौलाना मुझे बगौर घूर मतलब है गौर से देख रहे थे तो नौकर दो प्याले चाय और सिग्रेट केस के साथ माचिस रख गया।

मौलाना अमीर हसन बोले, "न...न...डॉ. ज्ञान साहब! यह कत्तई न सोचिए कि अमीर हसन चाय पीने डॉ. अज़्मत अली के यहाँ आते हैं,...मैंने पहले भी कहा है...मुहब्बत और अख्लाक का रिश्ता ऐसा बंधन है, जो यह सब कराता है, वरना चाय और सिग्रेट हराम है...गैर कोई पिला के दिखा दे मौलाना अमीर हसन को तो जानें...?"

"बजा फरमाते हैं...आप..." बेवजह मेरे मुँह से यह वाक्य निकल गया।

मैं इतना कहकर खामोश था और उठने की जुगत सोच रहा था, कमबख्त कह पड़ा।

‘‘जल्दी में हैं...ऊबिये नहीं...बैठें...आप ही से बात करनी है।’’

मैं कुछ समझ नहीं सका, कह पड़ा, ‘‘कहिए...’’

‘‘अमें मियां! एक वक्त में एक काम करने की तालीम बुजुर्गों ने दी है... अरे भाई सब्र से बैठो। चाय और सिग्रेट खत्म होने दो पहले।’’

मुझे सचमुच ऊब महसूस हो रही थी, पर लिहाजन बैठा रहा, खैर कुफ्र टूटा खुदा खुदा करके चाय और सिग्रेट खत्म हुई, मौलाना अज़्मत अली ने कहा—

‘‘निशाना गैर पे था जद में आ गया था बस,
वो तीरे हुस्न आखिर कर गया मुझे घायल’’

इतना सुना तो मन ने कहा, ‘‘बकवास।’’

मौलाना ने जैसे सचमुच भाँप लिया हो, बोले, ‘‘डॉ. साहब...शेर शाइरी से लगाव नही है न, इसलिए समझ से बाहर है...बात बकवास लगती है।

अमाँ! हम तजर्बे की बात कह रहे हैं, शादी तो इत्तफाक है कि आप ने कुछ सोच कर कर ली, पर निर्वाह बड़ी कसरत माँगता है डॉ. ज्ञान।’’

काटो तो खून नहीं...चेहरे की रंगत उड़ गई सी लगने लगी, डॉ. अज़्मत ने बीच में दखल देते हुए कहा, ‘‘भाई अमीर हसन साहब! अब बस! डॉ. ज्ञान आप के आलिमाना इल्म से परिचित नहीं हैं...अब यह बात यहीं खत्म की जानी चाहिए।’’

‘‘ठीक है...हमें क्या एतराज...हम अपनी तरफ से खत्म करते हैं...पर डॉ. ज्ञान की परेशानी हम अपनी परेशानी महसूस करते हैं...इसलिए और कुछ नहीं।’’

बात खत्म हो चुकी थी, मैं बैठा था मुँह लटकाए, डॉ. अज़्मत अली ने और चार-छः बातें कीं अन्ततोगत्वा मैं अमीर हसन के साथ उठ खड़ा हुआ।

पच्चीस

मैं उठा तो मौ. अमीर हसन भी उठ खड़े हुए और साथ-साथ चल पड़े, चौराहे के पास पहुंचते ही हमारी मंजिल अर्थात् घर के रास्ते अलग हो गए, मैं चौराहे से दक्षिण की ओर बढ़ गया और मौलाना ''शब-ब-खैर'' कहकर अपनी दिशा में चले गए।

कुछ अधिक फासला तय नहीं करना था, दस-पन्द्रह मिनट के पश्चात मैं दरवाजे पर था, अन्दर प्रवेश किया तो पिताजी रसोई में भोजन कर रहे थे और माँ रसोई में थी, शकुन्तला कुछ दूसरे कार्य निपटा रही थी, मन में चन्द्रा के विषय में विचार कौंधा, फिर मन में सोचा आई होती तो घर में होती, न होने का अर्थ है कि आई ही नहीं।

माँ ने मुझे देखा तो पूछा, ''अकेले आए हो...बहू...''

''मैं क्या उसे लाने गया था।''

''नहीं भैया! जाना चाहिए था, आज शाम आने को कह गई थी...''

''अम्माँ...! मैं छोड़ने तो गया न था, खुद गई है...खुद आ भी सकती है...।''

''ज्ञान की माँ! भैया ठीक कह रहा है...तुम इस समाधान से अलग रखो अपने को...''

''कैसी बात कहते हैं आप'' माँ ने पिताजी से कहा,

उन्होंने सुना-अनसुना कर दिया और उठ गए, मेरा मन कुछ तो चन्द्रा के न आने के कारण खिन्न-खिन्न सा था और दूसरे मैं अनायास इस विवाद में बुद्धिहीनता के चलते चन्द्रा से असन्तुष्ट था। माँ ने भोजन के लिए कहा और यह सोचकर कि स्थिति असामान्य न होने पाय, हाथ-मुँह धोकर रसोई में जा रहा, हल्का-फुल्का भोजन कर अपने कमरे में आ रहा, टेबल लैम्प ऑन कर दुष्यन्त के यहाँ से लाया उपन्यास पढ़ने लगा, रात्रि के एक बजे झपकी आई सो गया।

प्रातः उठा, महाविद्यालय जाने की तैयारी कर रहा था, तभी श्रद्धा रिक्शे से उतरकर आई, माँ को प्रणाम कर पिताजी के चरण स्पर्श कर, उसने दुष्यन्त का एक आवश्यक सन्देश दिया और कहा ''चलकर घर पर फोन से बात कर लो।''

''अभी बात करने क्या फायदा...मैं प्राचार्य जी की मंशा आज जानकर, शाम को आऊँगा, तब बात करूँगा।''

''यह भी ठीक है...मैं शाम को इन्तज़ार करूँगी।''

"ठीक है...मैं आऊँगा।"

वह अपने कालेज और मैं महाविद्यालय चला गया, प्राचार्य जी से चर्चा हुई तो उन्होंने अपनी स्वीकृति से अवगत कराया।

शाम को अवकाश के पश्चात मैं श्रद्धा के यहाँ पहुँचा, पहले रस्मन चर्चा हुई, उसने चन्द्रा के विषय में पूछा, मैंने बेबाकी से सब बता दिया श्रद्धा ने इतना सुना तो बोली, "कुछ बताया भी नहीं...रोज मिलती है... ।"

"ठीक है...आप जिक्र न कीजिएगा...?"

मेरे इतना कहने पर श्रद्धा मौन तो रही, पर पीड़ा उसके चेहरे पर झलक उठी, फिर वह इसे छिपाने के लिए चाय बनाने चली गई, लौटी तो तीन प्याले चाय ट्रे में थे, यह तीसरा प्याला देखकर मैं सोच में पड़ गया, परन्तु अधिक विचार नहीं करना पड़ा, चन्द्रा आ गई...

मेरे यहाँ होने का एहसास उसे शायद नहीं था, लौट कर जा नहीं सकती थी, अब हम तीन थे, प्याले सबके हाथों में आ चुके थे, मैं सोच रहा था कि चन्द्रा से पूँछू, फिर कुछ क्षण खामोशी से उसे पढ़ने की चेष्टा करता रहा, जब किसी निष्कर्ष पर नहीं पहुंचा तो कह पड़ा, "माँ! कल संध्या से इन्तजार कर रही है...?"

"और आप..." पूछा चन्द्रा ने।

मुझे लगा जैसे मेरे गाल पर किसी ने कस कर तमाचा मारा हो...और कुछ दबे आक्रोश के साथ मेरा उत्तर था, "हमारी नियत ही इन्तजार है..."

इतना कुछ सुनने के बाद श्रद्धा बोली, "बताया नहीं...कब आई...?"

"कोई चार दिन पहले।"

"कुशल तो है...?"

"जहाँ है...वहाँ हूँ...।"

श्रद्धा ने इतना सुना तो उसने बारी-बारी मुझे और चन्द्रा को देखा फिर मुझसे कहा, "कोई खास बात..."

"यह ही बता सकती है... ।"

और मेरे इतना कहने पर चन्द्रा का चेहरा सुर्ख हो गया, प्याली में चाय छोड़कर वह उठ खड़ी हुई और चलते हुए, उसने कहा, "मैं कुछ जरूरी बात करने आई थी फिर कभी सही..." और इतना कहकर वह उठकर चली गई।

मैं और श्रद्धा दोनों इस बर्ताव से हतप्रभ रह गए, श्रद्धा और मैं कुछ देर गुमसुम बैठे रहे।

एक ठण्डी साँस भरते हुए अन्ततः मैंने श्रद्धा से पूछा, "आखिर जीवन ऐसे कैसे कटेगा?"

श्रद्धा ने कुछ सोचकर उत्तर दिया, "आप ठीक कह रहे हैं...पर बात को और तूल नहीं देना चाहिए, वैसे कहीं...कोई कारण तो होगा ही..."

"उन्हीं से पूछें...मैं अनभिज्ञ हूँ"

श्रद्धा ने फिर कहा, "आपने पूछा नहीं...?"

"कोई कारण हो तो पूछा जाए...।"

मेरे इतना कहने पर श्रद्धा ने कहा, "ऐसा कैसे हो सकता है, कुछ तो जरूर है...हो सकता है आप न जानते हों।"

"ऐसा नहीं है..."

"फिर यह कसक कहाँ से पैदा हुई...?"

कुछ देर खामोशी के बाद श्रद्धा फिर कहने लगी, "जिद दोनों पक्ष के लिए हितकर नहीं...इससे बात बनना कठिन होगा,...बात होनी चाहिए...संवाद बन्द नहीं होने चाहिए।"

"आप बात करके देख लें..."

मेरे इस उत्तर पर श्रद्धा ने स्वीकृति भरते हुए कहा, "ठीक है...मैं...बात करूँगी..."

और फिर मुझे लगा, इस विषय पर और अधिक बात उचित नहीं, जो दर्द मेरा है वह मेरी अनुभूति है, दूसरा अनुभव नहीं कर सकता केवल अनुमान से टोह लेता है, यही सोचते-सोचते याद आ गया कि दुष्यन्त को फोन करना है।

श्रद्धा ने नम्बर डायल कर फोन मुझे थमा दिया, दुष्यन्त से बात कर बता दिया कि प्राचार्य जी तीन मास का अवकाश स्वीकृत करने को सहमत हो गए हैं, इतना निपटाकर उठना चाह रहा था, श्रद्धा ने रोक लिया, दुष्यन्त और श्रद्धा के भाव मेरे सम्बन्ध में क्या और कितने हैं इसे मैं खूब समझता था, सो बिला हीला हवाला बैठ गया।

श्रद्धा की सेविका आ गई थी, उसे उन्होंने चाय बनाने के लिए कहा, मेरे इनकार करने पर भी वह मानी नहीं, कुछ देर बाद दो प्याली चाय और प्लेट में नमकीन रखकर सेविका गई तो श्रद्धा ने, औपचारिकता छोड़ते हुए, प्याला हाथ में उठाकर मुझसे कहा, "शुरू करिए।"

छब्बीस

श्रद्धा के यहाँ से पहुँचते-पहुँचते लगा, जैसे वक्त ठहर गया है, कदम जरूर बढ़ रहे थे, परन्तु भान यही था जैसे मैं ठहरा हूँ और बातचीत के इस दबाव से अनियन्त्रित जैसी स्थिति प्रभावी हो रही है।

खैर दस मिनट की राह पच्चीस मिनट में पूरी हुई और मैं अपने दरवाजे पर था, कुछ ठिठका...अनायास...ख्याल के घोड़े दौड़ाने लगा, शायद चन्द्रा आ गई हो, बिजली अभी नहीं आई थी और मेरे कमरे की ओर जाता एक साया सा नजर आया, भावना के वेग में मैं यह भूल ही गया कि यह शकुन्तला भी हो सकती है।

अन्दर पहुँचने पर वह शकुन्तला ही थी, उसने चाहकर भी कुछ पूछना मुनासिब नहीं समझा, मैं उसका चेहरा पढ़ने की चेष्टा कर रहा था और निष्कर्ष के तौर पर यह मान चुका था कि इस दुःखद प्रसंग की टीस उसे भी है, भले वह माँ के कारण उपजी हो और मुझसे उसका कोई सरोकार न हो।

पहले कमरे में माँ आई, उन्होंने पूछा, ''देर से लौट रहे हो...भोजन यहाँ कमरे में लाऊँ कि रसोई में करोगे...?''

''अम्माँ...आप सबने भोजन किया?''

''भैया! कब तक प्रतीक्षा करते...सोचा कहीं बैठ गए होगे...उसके बाद दुष्यन्त के यहाँ पहुँचे होंगे...तो...दुष्यन्त के यहाँ अकसर भोजन कर लेते हो...बस! यही विचार कर हम लोग भोजन से निपट गए।''

''ठीक किया...भोजन करके ही आया हूँ...।''

झूठ बोला, न चाहते हुए भी, कारण था कि माँ कहीं यह एहसास न कचोट ले कि नाहक थोड़ा इन्तज़ार नहीं किया और फिर मैं माँ का यह स्वभाव जानता था कि वह इस एहसास को बन्दर के बच्चे की भाँति कितने ही दिनों तक अपनी छाती से चिपकाये रखती।

माँ बैठ गईं, मेरे कमरे में तो उन्होंने फिर पूछा, ''बहू के यहां कब जाओगे...?''

कुछ देर चुप रहा, क्या उत्तर देता, जब दोबारा उन्होंने प्रश्न किया तो मैं कह पड़ा, ''आप कल चली जाओ...शुकन्तला को साथ लेती जाओ...।''

''भैया! मुझे जाने में क्या आपत्ति, दो-एक बार आई गई हूँ...पर तुम्हारे पिताजी की सम्मति से ही, उसके बगैर नहीं।''

"तो ठीक है...पिताजी से पूछ लो..."

और इतना सुनकर माँ और शकुन्तला जिस अंदाज से कमरे से गईं, मैं नहीं बूझ पाया कि मेरी बात उन्हें रुचिकर लगी या अरुचिकर, उनके जाने के बाद कपड़े बदले और बिस्तर पर पड़ रहा।

दो नारी चरित्र मेरे जहन में तैर रहे थे, एक माँ और दूसरी श्रद्धा, मैं माँ की पीड़ा को समझने की चेष्टा करने लगा, देर तक सोचने के पश्चात भी सिवाय इसके कि प्रगाढ़ ममता के नाते वह मेरा कष्ट बाँटने की चाहत में भी बाँट नहीं पा रही हैं और यह अन्तर पीड़ा उन्हें दुखी किए है।

श्रद्धा से दुष्यन्त की शादी के बाद जब वह यहाँ आकर सर्विस करने लगा तब मुलाकात हुई, इस मुलाकात को काफी समय हो गया था, मेरा आना-जाना, उठना-बैठना घण्टों रहता था, तब भी जब विवाह नहीं हुआ था और विवाह के पश्चात भी इसमें कोई न्यूनता नहीं आई थी।

श्रद्धा के प्रति मेरा विश्वास और स्नेह दुष्यन्त जैसा ही था, वह सुलझी, समझबूझ से परिपूर्ण और दुष्यन्त के लिए एक ऐसी जीवनसंगिनी थी, जिसकी ख्वाहिश और तमन्ना हर किसी के लिए न्यूनाधिक स्वप्न सरीखी थी।

अत्यन्त सुसभ्य और पढ़ी-लिखी तो थी ही, परन्तु मर्यादा और अपनी गरिमा की आभा से उसे मुरझाते कभी न देखा था, वह किसी भी पहुँचने वाले का बड़ा ख्याल रखती थी और विचार मन्थन तथा तर्क का एक अनोखा और गर्वीला अन्दाज, जो उसका अपना था, पैनेपन की धार से दूसरे को बार-बार सोचने पर बाध्य कर देता था।

इस सेवा में आने से पूर्व वह स्वतंत्र रूप से नारी प्रधान और सामाजिक विषयों पर निरन्तर लिख कर रोजी कमाती थी, अब तक उसकी दो पुस्तकें प्रकाशित हो चुकी थीं और वह पाठकों द्वारा बहुतायत से सराही जा चुकी थीं।

दुष्यन्त के मुम्बई छोड़ने के इरादे के साथ विवाह पश्चात जब वह यहाँ आई तो इण्टर कालेज में सरलता से नियुक्ति मिल गई, तब से पाँचवाँ वर्ष था।

मेरे जहन में श्रद्धा जो उभरी तो दुष्यन्त भी उसके साथ परछाईं की भाँति उभरा था, मैं सोचने लगा दोनों कितने खुश हैं...उनकी खुशहाल जिन्दगी और माँ की पीड़ा, दोनों का कोई मेल न था परन्तु मेरे मानस क्षितिज पर दोनों एक-दूसरे से गुत्थमगुत्था होकर रह गई थीं।

और मैं इस चिन्तन से छुटकारा प्राप्त करने और भागने की हर राह तलाशता-तलाशता हताशा और निराशा के महासागर में गोते खाता, कभी नीचे और कभी ऊपर आता...इसी स्थिति में कब सो गया, कुछ भी पता नहीं चला।

सत्ताईस

उस दिन दुष्यन्त ईद के अवकाश के कारण घर आया था, शकुन्तला की मुलाकात कहीं श्रद्धा से हो गई और इस प्रकार मुझे सूचना प्राप्त हुई, छुट्टी थी ही, फिर अपने सारे काम निपटाकर, दोपहर में दुष्यन्त के यहाँ पहुँचा।

दुष्यन्त बैठा था अकेला, मैं पहुँचा तो पूछ बैठा, "अकेले हो...भाभी कहाँ हैं?"

"कौन जाने...बताकर नहीं गई, शायद यहीं कहीं पास पड़ोस में होगी...बैठो ...अभी आ जायेंगी।"

मैं बैठ गया और दुष्यन्त से उसके नये काम के विषय में जानता रहा, बातचीत में लगा जैसे दुष्यन्त इस कार्य से ऊब महसूस कर रहा है, सो...सीधे न पूछ कर मैंने प्रश्न किया, "अपने इस नए कार्य क्षेत्र में तो काफी जम गए होंगे...?"

उसने अजीब ढंग से मुँह बिचकाया और बोला, "ज्ञान! मैं अपने निर्णय पर अन्दर-अन्दर घुटन महसूस करता हूँ...।"

"ऐसा सोचने का क्या कारण है...आप तो बड़े हौसले से वहाँ गए थे।"

"ठीक कहते हो...गया तो यही सोचकर था, पर मैं यह भूल गया था कि समाचार पत्र का एक मालिक होता है और उसके अपने हित और स्वार्थ होते हैं...वह अपनी स्वार्थ सिद्धि के लिए, सच और यथार्थ का गला घोंट सकने की ताकत रखता है।"

मैं यह सुनकर हक्का बक्का हो रहा, पूछ पड़ा, "क्या कह रहे हो...?"

"सुनकर हैरान हो गए...लो सुनो..."

और दुष्यन्त ने बताया कि किस प्रकार एक पेपर मिल में कर्मचारियों का उत्पीड़न पराकाष्ठा पर था, दो दैनिक प्रकाशित होते थे, किसी में भी कभी दो लाइन नहीं छपी, एक दिन कुछ श्रमिक संगठनों ने मिलजुलकर इस समस्या पर बड़ी रैली का आयोजन किया था।

श्रमिक संगठन के कर्ताधर्ता स्वयं प्रेस आए थे, उन्होंने विधिवत आमंत्रण दिया मुझे। दवे जी ने जो सहायक सम्पादक हैं, कवरेज के लिए भेज दिया।

सभा में रहा, सब देखा सुना, अपने नोट्स लेकर जब मैं डेस्क पर पहुँचा और रिपोर्ट लिखी, यह रिपोर्ट दवे जी के सम्मुख गई तो उन्होंने मुझे बुलाया, मेरे सामने रिपोर्ट रखते हुए बोले,

"नौकरी से जी ऊब गया है क्या?"

"समझा नहीं...।"

"दुष्यन्त जी! यह क्या लिख मारा आपने...समाचार पत्र के मालिक धीरेन्द्र मलिक हैं, यह श्रम संगठन वाले नहीं।"

मैं पूछ पड़ा, "इस समाचार में मालिक का प्रसंग कहाँ से आ गया...?"

"आ गया...दुष्यन्त जी...बात बारीक है...समझने की कोशिश कीजिए...।"

"समझाइये फिर...।"

मेरे कहने के अन्दाज में कहीं कोई तंज़ और व्यंग का पुट कुछ भी नहीं था, पर न जाने क्यों दवे जी ने इसे इसी रूप में लिया, पर उत्तर पूरी सहजता से देते हुए, सिर्फ इतना कहा, "जानते हैं...पेपर मिल की मालिक श्रीमती धीरेन्द्र मलिक हैं...।"

"पर इससे क्या होता है...उत्पीड़न है और पराकाष्ठा का उत्पीड़न है, यह समाचार नहीं है और यदि है तो छपना चाहिए या नहीं...?"

मेरे इस कथन पर दवे जी ने मेरे कन्धे पर हाथ रखा, मेरी रिपोर्ट उठाई और मुझे अपने साथ 'हैरिटेज़' में ले गए वहाँ एक केबिन में मेरे साथ इत्मीनान से बैठे दो काफी का आर्डर देने के बाद बोले, "दुष्यन्त जी! कर्मचारी मालिक नहीं होता...कर्मचारी मालिक की सेवा के एवज़ वेतन पाता है...अब आप बताओ...इतना वेतन क्या वह हमें इसलिए देता है कि हम उसी के समाचार पत्र में उसकी कब्र खोदें।"

मैंने सुना तो सन्न रह गया, कॉफी वेटर रखकर जा चुका था, मुझे कॉफी पीने का मन नहीं हो रहा था, दवे जी ने कहा, "अरे ठण्डी हो जायेगी...पियो अभी बहुत काम डेस्क पर शेष है।"

"दवे जी! आप मेरे बुजुर्ग हैं, आपकी बात में बहुत वजन है, पर मैं ऐसे विचारों का हिमायती नहीं हूँ...।"

मेरी बात सुनकर दवे जी ने पूरी संजीदगी से कहा, "जरूरी तो नहीं कि रिपोर्ट में इन्हीं शब्दों और वाक्यों का प्रयोग किया जाए...खैर...दुष्यन्त जी कॉफी लो..."

और न चाहते हुए भी दवे जी के बुजुर्ग होने का एहसास मुझे कॉफी सिप करने पर मजबूर कर गया, मैंने कहा, "मैं अब दूसरी रिपोर्ट नहीं लिख सकूँगा...?"

"कौन कहता है कि आप दूसरी रिपोर्ट लिखो...अरे भाई! इसे फाड़ कर जला दो...ध्यान रहे फेंकना नहीं है...जलाना है।"

मेरा चेहरा कुछ-कुछ तमतमा गया था, उस पर शायद दवे जी की दृष्टि नहीं पड़ी, फिर उन्होंने कहा, "समाचार छपेगा ही नहीं...।"

"आप जानें" और मेरे इतना कहने के पश्चात दवे ने केबिन से बाहर निकलकर काउण्टर पर बिल पेमेण्ट किया और बाहर लान में पहुँचकर रिपोर्ट से माचिस की लौ चिपका दी।

कुछ देर यही चलता रहा, श्रद्धा अभी नहीं लौटी थी, मगर सेविका आ गई थी, चाय के लिए उसे कहने के बाद, दुष्यन्त ने ऐसे दो किस्से और सुनाये जिसमें उसे अपने पर जबर करना पड़ा और ठेस की अनुभूति हुई, फिर उसने इस पेशे से अब महसूस करना शुरू कर दिया।

मैं समाचार पत्र की दुनिया में घटित होने वाली ऐसी सच्चाइयों से परिचित न था, जब सुना तो दंग रह गया, आखिर मैंने पूछ लिया, "अब क्या सोचा है...?"

"बस! तीन महीने और, इस प्रकार के झमेलों से बचते हुए काटने हैं।"

"फिर..." पूछा मैंने।

"वापस अपने कालेज आ जाऊँगा ...मुझसे यह सब न हो सकेगा।"

मुझे लगा कि दुष्यन्त ने सब सोच-विचार के पश्चात इस सन्दर्भ में अपनी अभिलाषा को अन्तिम टच दे दिया है।

मैं सोच ही रहा था कि दुष्यन्त ने ठीक किया, उसका स्वभाव इस प्रकार का नहीं, तभी श्रद्धा और चन्द्रा दोनों साथ-साथ अन्दर प्रवेश कर रही थीं।

मैं कुछ 'नर्वस फील' करने लगा, उठना चाह कर भी जड़वत बैठा रहा।

अट्ठाईस

जिन्दगी जीने की तमन्ना एक बात है और जीवन सरोकारों के थपेड़ों से जूझते रहना, दूसरी बात, यह दूसरी बात ही अधिक प्रभावी ढंग से मुझे मथे डाल रही थी।

मैंने मर्द होते हुए भी नेत्र झुका लिए, यह उचित ही लगा, अन्यथा कौन जाने क्या घटित हो जाता और वह भी दूसरे के घर पर, वह दोनों आईं और एक ही थ्री सीटर सोफे पर बैठ गईं, संभवतः जानबूझकर या फिर अनजाने ही श्रद्धा मेरे सिंगल सीटर सोफे की ओर बैठ गई।

"कैसे हैं...?" श्रद्धा ने पूछा।

"जैसा देख रही हैं।"...मेरा उत्तर था।

"कुछ कमजोर लग रहे हैं..."

"जी ठीक कहा, कोई टॉनिक बतावें जिससे कमजोरी दूर हो जाए।"

"डॉक्टर से मिलिए..."

"आप मदद करें, आपके तजर्बे का लाभ मिल सके तो क्या हर्ज है।"

और अभी मेरे और श्रद्धा के मध्य बस, इतना ही आदान-प्रदान हुआ था, चन्द्रा उठ खड़ी हुई और श्रद्धा से बोली,

"दीदी! मैं जाना चाहूँगी...भैया को एक जरूरी टेलीफोन करना है...।"

इतना सुना तो दुष्यन्त कह पड़ा, "उधर टेलीफोन रखा है...बात कर लो...।"

"नहीं...नम्बर याद नहीं...वह घर पर छूट गया है...अच्छा अब चलती हूँ।"

और इतना कहते हुए श्रद्धा और दुष्यन्त के आग्रह से मुँह मोड़कर वह कमरे से बाहर सड़क पर हो रही।

कुछ तो राहत महसूस हुई, परन्तु कसक भी ऐसी उभरी कि मैं बेहाल होकर भी अपने हाल पर आँसू बहाने की जुर्रत नहीं कर सका, सेविका एक ट्रे में चार चाय लेकर आई, संभवतः उसे श्रद्धा और चन्द्रा के अन्दर प्रवेश का भान हो चुका था।

वह एक चाय लौटाकर ले गई और हम तीनों प्याला थामे एक-दूसरे को पढ़ने की चेष्टा कर रहे थे, तभी मैं श्रद्धा से कह पड़ा, "भाभी! आपने देखा...क्या समझा ...आपने...?"

श्रद्धा ने दुष्यन्त की ओर निहारा और पूछा, "आप कुछ प्रतिक्रिया व्यक्त करना चाहेंगे...?"

"वास्तव में, कुछ समझ नहीं पाया, लगता है...कुछ अनबन घटित हो गई है ...वैसे यह बर्ताव शोभनीय नहीं।"

दुष्यन्त से इतना सुनकर मुझे लगा कि जैसे किसी ने मेरे उबाल खाते जख्म पर बर्फ की डली रख दी हो, श्रद्धा कुछ क्षण विचारमग्न दीखी, फिर बोली, "डॉ. ज्ञान! यह जो कर रहे हैं, उसे बहुत अधिक ध्यान में न लावें, इन्हें अभी घटना की जानकारी नहीं है।"

मैंने सुना तो सोचने लगा कि दुष्यन्त ने यथार्थ को सामने रखा है, जब कि श्रद्धा न जाने क्यों इस यथार्थ पर लीपापोती कर, बचाव की मुद्रा प्रदर्शित कर रही है।

इस भावना के तीव्र वेग ने मुझे चुप नहीं रहने दिया और मैं सहजता से कह पड़ा, "तो आप दुष्यन्त भाई को घटना की जानकारी दे दें।"

"अब, आप ही दे दें...।"

इतना आग्रह कर श्रद्धा चुप हो गई, दुष्यन्त पूछ पड़ा और मैंने जानबूझकर बहुत संक्षेप में अपनी बात कह दी, सुनने के बाद दुष्यन्त ने श्रद्धा को और फिर मुझे एकबारगी देखा और श्रद्धा से पूछा, "माँ बीमार होती तो तुम नैनीताल जाने के लिए इतनी जिद करती...?"

दुष्यन्त ने फिर कहा, "चुप रहना भी उत्तर होता है श्रद्धा! पर यह भ्रम का भी पोषण करता है...निःसन्देह, मुझे तुम्हारी सोच पर भरोसा है...पर फिर भी मैं जानना चाहता हूँ...।"

"चन्द्रा को ऐसा नहीं करना चाहिए था...यह ठीक नहीं था।"

"अब जो 'डेड लॉक' है वह कैसे खत्म हो...?" पूछा दुष्यन्त ने।

"मैंने यत्न साधा था, अभी भी प्रयत्नरत हूँ...पर नतीजे अनुकूल नहीं आ रहे हैं..."

"क्यों..." दुष्यन्त ने जब श्रद्धा से यह प्रश्न किया तो मैं चौकन्ना हो गया और अन्दर-अन्दर सोचने लगा कि आखिर प्रयास के बाद भी अनुकूल नतीजे क्यों नहीं आ रहे हैं, मैं इसी विचार से उलझा था कि श्रद्धा ने कहा, "वह जिद का प्रदर्शन कर रही है, उसकी सोच है, यदि वह आज झुक गई तो जीवन भर कमर झुकाए-झुकाए जीना पड़ेगा, और एक बार अगर आरपार की लड़ाई लड़ ली गई तो औरत की भावनाओं से मर्दों का खिलवाड़ बन्द हो जाएगा...कम से कम इन दोनों...डॉ. ज्ञान और चन्द्रा में..."

"इस सोच में समझदारी कम और भावुकता अधिक प्रबलता के साथ है आखिर ...दो मास में वह इतना ही समझ सकी...?" कहा दुष्यन्त ने।

मैं चुप नहीं बैठ पा रहा था और मेरे होंठ जैसे फड़फड़ा रहे थे, अपने पर से काबू खोते हुए...मैं इतना कह पड़ा, "आप! ठीक कह रहे हैं...चन्द्रा ने बेवजह

'प्रीस्टेज इशु' बना लिया है...यहाँ यह तर्क लागू नहीं होता..."

पूरी गंभीरता के साथ दुष्यन्त ने न्यायसंगत बात कहने में किंचित भी परहेज नहीं किया। कुछ रुककर उन्होंने कहा, "फिर भी बात होनी चाहिए...संवादहीनता ...ठीक नहीं।"

"मैं भी इस जटिलता का समाधान चाहता हूँ...यह अच्छा नहीं..." मैंने अपना निष्कर्ष दोनों के समक्ष रखा।

बात किनारे लग रही थी, तय यह हुआ कि कल संध्या में कालेज से लौटने के बाद चन्द्रा के घर चला जाए और बातचीत की जाए।

मैंने इस प्रकार जाने में रोष प्रदर्शित करते हुए स्वयं को अलग रखने की बात कही, दुष्यन्त ने मेरी बात से सहमति जताते हुए इतनी बात जोर देकर कही कि "जब तुम्हें वहाँ बुलाया जाए तो तुम्हें पहुँचना चाहिए, इस पर आपत्ति नहीं होनी चाहिए," कुछ सोचने के पश्चात मैं इसे स्वीकार करने को राजी हो गया।

देर काफी हो चुकी थी, सेविका खाना लगाने के लिए पूछने आई और मैं हाथ जोड़कर खड़ा हो गया, श्रद्धा ने पूछा, "यह क्या...खायेंगे नहीं...?"

"आज...माफी चाहता हूँ...माँ से बता कर भी नहीं आया हूँ...वह भोजन पर प्रतीक्षा कर रही होगी।"

"अच्छा तो कल पक्का।"

श्रद्धा और दुष्यन्त के इस कथन पर मेरा उत्तर था, "ठीक है..." और इतना कहकर मैं घर के लिए चल दिया।

उनतीस

माँ और शकुन्तला मेरी बाट जोह रही थीं, माँ ने देखा तो शकुन्तला कह पड़ी, "कहाँ थम गए थे भैया! चाची बड़ी देर से राह ताक रही हैं, अभी किसी ने भोजन भी नहीं किया...आओ...इन्तजार ही हो रहा था।"

मैंने माँ से कहा, "आप दोनों भोजन कर लो...मैं अभी रुक कर खा लूँगा।"

"क्यों...?" पूछा माँ ने।

"वैसे ही...पेट में दर्द है।"

माँ को झूठमूठ कह पड़ा, वह बोली, "शकुन्तला, तुम जरा उधर से चूरण उठाकर चम्मच में दे दो, मैं पानी गर्म किए देती हूँ।"

और गर्म पानी के गिलास के साथ शकुन्तला चूर्ण चम्मच में रख गई, जब दर्द होता तो चूर्ण ले लेता, अनायास उसे फाँकना ठीक नहीं लगा, खैर बहुत कहने पर माँ और शकुन्तला ने भोजन किया, भोजन पश्चात अवशेष कार्य निपटाकर शकुन्तला अपने घर चली गई, तब जब माँ बिस्तर पर आई तो मैं कुर्सी पर बैठ गया, माँ ने पूछा, "क्या बात है...कोई खास बात है...चूरण भी नहीं लिया।"

फिर झूठ बोला, "दवा खा ली है डॉक्टर से लेकर...अब उस पर चूर्ण फाँकूँ तो ठीक नहीं..."

"ठीक किया...कुछ आराम है...?" पूछा माँ ने।

मैं अपने से मन ही मन संघर्ष में उलझा हुआ था कि माँ को सारी बात बता दूँ कि न बताऊँ...माँ की दृष्टि मेरे चेहरे पर गड़ी थी, मुझे भीतर-भीतर बोध सताने लगा कि जैसे माँ कुछ पढ़ रही है, फिर उन्होंने कहा, "कहाँ रुक गए थे...देर कर दी..."

"कहीं नहीं...दुष्यन्त आया है न...वहीं बैठा था..।"

"फिर तो दुष्यन्त को भी सारी कहानी का पता चल गया होगा...तुमसे कुछ बात हुई...इस सम्बन्ध में..."

माँ का यह प्रश्न सुनकर मैं चाहकर भी कुछ छिपा न सका, जो घटित हुआ था, सब बता दिया, माँ सब ध्यान से सुनती रही और मेरी बात समाप्त होने पर बोली, "दुष्यन्त ने ठीक कहा...यदि बुलाते हैं तो जाना...अपनी बात भी कहना...जिद नहीं करना...भैया...! घर चलाना सीखो।"

"ठीक है...अब सो जाओ...।"

कहकर मैंने बल्ब बुझा दिया और नाइट बल्ब जलने दिया, फिर कपड़े बदलकर अपने बिस्तर पर जा रहा, भोजन की रुचि नहीं थी।

बिस्तर पर लेटते ही मुझे लगा जैसे मेरे सामने सारे घटनाक्रम की शुरू से अब तक की डायरी खुली है और मैं उसे मन ही मन बाँच रहा हूँ, विचारते-विचारते मैं असहज हो उठा, मुझे भय भाषित होने लगा, अपने बिस्तर पर उठकर बैठना चाहते हुए भी, मैं जानबूझकर माँ के कारण पड़ा रहा, कहीं अनायास मेरी तकलीफ की कल्पना से व्यथित न हो जाए।

धीरे-धीरे आँखें मूँदता फिर खोलता, फिर मूँदता फिर खोलता देर तक यही क्रम चलता रहा, अन्त में नींद की झपकी का वेग प्रभावी लगने लगा, इसी तन्द्रा जैसी स्थिति में मैं अपने विषय में सोचने लगा, सोचते-सोचते एक बिन्दु पर ठहर गया, मन में विचार आया, घर में सारा माहौल ठीकठाक है, कोई ऐसा कृत्य न पिताजी की रुचि और प्रवृत्ति में था, जिससे पाप की गंध आती हो, वही संस्कार सहेजे-सहेजे मैं भी जीवन डगर पर गतिशील हूँ...यथा शक्ति उस मार्ग पर भी चलने की चेष्टा करता हूँ जो बताया गया है। हाँ! यह और बात है कि वर्तमान में कुछ ऐसी परिस्थितियों के चलते, उस मार्ग पर नहीं चल पा रहा हूँ...जब कुछ अनुचित कृत्य है नहीं तो फिर यह अनायास का कष्ट भोग किस कारण...?

मन-मस्तिष्क इसी एक बिन्दु पर आकर ठहर जाता और कोई उत्तर न सूझता, फिर मैं अपने को समझाने की चेष्टा करता कि गलती तो मेरी ही है...मैंने इस मामले में गंभीरता से विचार मन्थन नहीं किया, यदि मुझे पूर्व में इस बात की टोह लग गई होती या मैं इस तथ्य से भिज्ञ होता कि चन्द्रा स्वभाव से जिद्दी है और वह अपनी निजी स्वतन्त्रता से सामंजस्य नहीं बैठा सकती तो मैं यह सम्बन्ध स्वीकार ही न करता, पर अब तो चूक हो चुकी थी, सोचते-सोचते नींद आ गई।

सच तो यह है नींद आने से पूर्व उलझन और घटनाक्रम की छाया मन-मस्तिष्क पर इस कदर प्रभावी हो चुकी थी कि मुझे स्वप्न में भी जो दिखा, वह इतना तो स्पष्ट ही कर देता है कि मैं किस मानसिक स्थिति के दबाव से गुजर रहा था, मैंने स्वप्न देखा...

वह कोई पहाड़ी स्थल था, मैं होटल में स्थान न होने के कारण एक धर्मशाला पर पहुँचा, वहाँ प्रबन्धक से एक कमरा प्राप्त करने की बात कही, उसने रजिस्टर पर मेरा नाम पता और आने का उद्देश्य लिखा और रजिस्टर आगे बढ़ाकर, एक खाने में हस्ताक्षर करने को कहा, जब मैं रजिस्टर पढ़कर हस्ताक्षर करने जा रहा था तो मेरी दृष्टि अपने नाम के ऊपर छठी या सातवीं पंक्ति पर पड़ गई, उस पंक्ति में चन्द्रा का नाम लिखा था, मैंने और पढ़ना चाहा पर भीड़ के कारण कुछ और स्पष्ट न हो सका, सिवाय इसके कि मुझे कमरा नं. 33 मिला था और चन्द्रा नाम राशि को कमरा नं. 11 मिला था।

संध्या हो रही थी, अनजानी जगह भी थी, मैंने प्रबंधक से भोजन के विषय में जानकारी प्राप्त की, उसने सब समझा-बुझा दिया, जान-समझकर धर्मशाला से एक डेढ़ फर्लांग आगे एक वैष्णव भोजनालय था, खोजते-खोजते मैं वहाँ पहुँचा।

ज्यादा भीड़भाड़ न थी, फिर भी बारह-चौदह लोग भोजन कर रहे थे, एक नौकर ने हमें दरवाजे से उत्तर की ओर जाने की राह बता दी, वहाँ पहुँचने पर काफी जगह थी, बैठ गए और भोजन के लिए कह दिया।

ऊपर केवल चार महिलाएँ और पाँच-सात पुरुष बच्चों सहित भोजन कर रहे थे, सम्मुख बैठी महिलाओं में दो महिलाएँ बहुत तेज तर्रार और व्यवहार तथा बातचीत से पुरुषोचित स्वभाव तथा गुण से ओतप्रोत लग रही थीं।

मैं उनकी बातों पर कान दे बैठा, वह किसी महिला पर पुरुष अत्याचार की कहानी के संदर्भ में अपनी उत्तेजना स्पष्ट कर रही थीं।

उन दोनों में एक ने किंचित जोर से कहा, ''चन्द्रा! तुम्हें इस व्यवहार पर खीझ उत्पन्न नहीं होती...?''

'चन्द्रा' शब्द जैसे मेरे कान में पड़ा। मैं गौर से उस महिला को देखने लगा, तुरन्त पता चल गया, यह वह चन्द्रा न थी, इससे मेरी कोई जान पहचान भी न थी, पर उसने उस प्रश्न के उत्तर में कहा, ''ऐसे मर्दों पर भरोसा करना, जीवन से खिलवाड़ करना है...सम्बन्ध-विच्छेद कर लेना चाहिए...फिर भविष्य चाहे जैसे गुजरे...।''

मैं भोजन कर चुका था, उठकर हाथ-मुँह धोया, हिसाब चुकता किया और धीरे-धीरे धर्मशाला की ओर बढ़ चला।

तीस

प्रातः उठा तो जैसे नशा उतर जाने पर खुमार शेष रह जाता है, कुछ-कुछ वैसी ही स्थिति थी, महाविद्यालय जाने की तैयारी कर रहा था, तभी बैठे-बैठे विचार कौंधा, मन अशान्त है, क्यों न महाराज का दर्शन कर कुछ निवेदन कर दूँ।

फिर मन में भय बोध उपजा कि इतने दिनों से माला छुई तक नहीं यदि महाराज ने पूछ लिया तो क्या उत्तर दूंगा, एक और बात मन पर तैर गई कि महाराज संन्यासी सन्त हैं, उन्हें संसार के गृहस्थ जंजाल से क्या सरोकार, अकारण उनसे चर्चा करना व्यर्थ होगा।

फिर क्षण भर बाद विचार कौंधा कि धर्म की डगर पर चलने पर भोगना तो बहुत पड़ता है...कहीं ऐसा तो नहीं कि यह साधना के मार्ग में मेरी परीक्षा सदृश है।

सोचते-सोचते मेरे उठने का समय हो गया था और राह चलते मैंने निर्णय किया कि एक प्रयास जो दुष्यन्त और उसकी पत्नी करना चाह रही हैं, उसे और देख लेना उचित है, धर्म के मार्ग और साधना का तर्क इस विषय में अर्थहीन है, यही सोचता-विचारता महाविद्यालय पहुँचा, संध्या में घर आया तो माँ ने दुष्यन्त का सन्देशा दिया कि वह स्वयं बुलाने आया था।

घर से जलपान कर मैं चन्द्रा के घर की ओर बढ़ चला, दरवाजे पर पहुँचकर बेल पुश की...दरवाजा आकर कमलेश्वर ने खोला, वह पूर्ण अपनत्व से मिला पर इस उलाहने के साथ कि "कहाँ राह भूल गए।"

साथ ले जाकर उसने अन्दर बिठाया, अन्दर चन्द्रा की माँ, दुष्यन्त, दुष्यन्त की पत्नी और मेरे साथ कमलेश्वर, हम सभी ड्राइंग रूम में बैठ गए, सब लोग जलपान कर चुके थे, अपने लिए मैंने रोक दिया।

दुष्यन्त से पूछ पड़ा, "देर हुई आए...?"

"हाँ, जरूर देर हुई...करीब डेढ़ घण्टा हुआ।"

इतनी ही बात हुई और चारों ओर खामोशी का साम्राज्य प्रभावी था, फिर दुष्यन्त की पत्नी ने चन्द्रा की माँ से कहा, "चाची जी! अब दोनों मौजूद हैं, इन्हें अपनी-अपनी बात बेरोकटोक कहने का हक है, हम सभी उसे सुनें और विचारें...।"

“ठीक कहती हो...इस प्रकार अच्छा नहीं लगता।” फिर मेरी ओर संकेत करते हुए चन्द्रा की माँ ने पूछा, “भैया ! तुम्हीं कहो...मामला क्या है...तुम्हें क्या शिकायत है?”

“देखिये माताजी! सच बात तो यह है कि मैं कोई शिकायत करने नहीं आया, यदि यही करना होता तो पहले ही कर गया होता...”

इतना कहकर मैं चुप्पी साध गया, बात का सिरा अपने हाथ में लेते हुए दुष्यन्त बोल पड़ा, “यहाँ, सब घर के लोग ही बैठे हैं कोई गैर नहीं है, चलो चन्द्रा! तुम्हीं बताओ...तुम्हें क्या कहना है?”

“भाई साहब! श्रद्धा दीदी जानती हैं कि हर स्त्री के कुछ अरमान होते हैं, उन्हें पति और पत्नी मिलकर पूरा करते हैं, मगर अपने वैवाहिक जीवन में मुझे महसूस हुआ कि मुझे अपने अरमानों की बलि चढ़ा देनी है और एक निरीह की भाँति पति की दया पर जीवन यापन करना होगा...।”

इतना चन्द्रा ने कहा तो सभी एक बार भौचक्के होकर रह गए, मुझे तो लगा जैसे मैं तपने लगा, फिर भी अपने को सँभाले-सँभाले संयत शब्द और स्वर में कह पड़ा, “दुष्यन्त भाई! आपने सुना और सबने सुना, मुझे कुछ कहने की इजाजत दें तो मैं कमलेश्वर से पूछना चाहूँगा कि वह जब से मुझे जानते-समझते हैं क्या इस बात की पुष्टि करेंगे।”

कमलेश्वर की दृष्टि एक बार चन्द्रा पर उठकर ठहर गई, फिर उसने गौर से मुझे देखा, और अपनी माँ से बोला, “माँ! चन्द्रा बहन है और ज्ञान भाई दोस्त और बहनोई, मगर मैं इस कथ्य से अपने को सहमत नहीं कर पा रहा हूँ जो चन्द्रा कह रही है।”

दुष्यन्त बोल पड़ा, उसने कमलेश्वर से कहा, “भावना में बहने की आवश्यकता नहीं है, बात सिर्फ इतनी है कि चाची जी तो अधिक कुछ कह पाने की स्थिति में नहीं हैं, मैं तुमसे असहमत तो नहीं हूँ, परन्तु ढूँढ़ना यह है कि चन्द्रा के वक्तव्य का यथार्थ कहाँ है?”

चन्द्रा ने इतना सुना तो कह पड़ी, “यथार्थ खोजने की जरूरत नहीं आप इन्हीं से पूछ लें...”

इशारा मेरी ओर था, श्रद्धा ने मुझे प्रश्न सूचक दृष्टि से देखा ओर बोली, “भाई साहब! कुछ कहना चाहेंगे आप...”

“भाभी! सिर्फ डेढ़ महीने में इस निष्कर्ष पर पहुँच जाना, सचमुच अपने जीवन को भयावह त्रासदी से बचाने के सदृश है, यह परख तो और पहले भी हो सकती थी और निष्कर्ष प्राप्त किया जा सकता था...फिर भी...”

मैं अभी कुछ और कहना चाह रहा था कि दुष्यन्त ने बीच में ही टोकते हुए कहा, “ज्ञान! इतने गंभीर होने की जरूरत नहीं है, हम सभी गलतफहमी दूर

करने के उद्देश्य से वार्ता कर रहे हैं...बात को बढ़ाना उद्देश्य नहीं है, इतना ध्यान रखो।''

''मैं स्वयं बात बढ़ाने के पक्ष में नहीं हूँ, परन्तु क्या यह मुनासिब न होगा कि मुझे पता चले कि मेरे किस कार्य से यह निष्कर्ष निकाला गया?''

जब मैंने इतना कहा तो कमलेश्वर ने अपनी माँ की ओर दृष्टि घुमाई और बोला, ''यह बात वजनदार है, दीदी को बताना चाहिए, तभी तो आदमी समझेगा कि वह गलत कहाँ है।''

''बताओ चन्द्रा!'' कहा दुष्यन्त ने।

चन्द्रा पहले तो चुप रही और ऐसा प्रदर्शन करती रही जैसे वह बड़ी गंभीर मुद्रा में कुछ सोच रही है, फिर उसने उठकर पानी पिया, आकर बैठी और कहने लगी, ''बात नैनीताल जाने की है, मेरा सुझाव था, इन्होंने स्वीकार भी लिया पर डेढ़ दो मास तक, इस विषय पर कोई सक्रियता नहीं दिखाई।''

''तब आपने यह निष्कर्ष निकाला?''. दुष्यन्त की पत्नी ने पूछा चन्द्रा से।

''जब रोज टालमटोल होने लगी तो और क्या निष्कर्ष निकाला जा सकता है?'' पूछा चन्द्रा ने।

इतना सुना तो दुष्यन्त असहजता का प्रदर्शन करते हुए कह पड़ा, ''किन कारणों से ऐसा व्यवहार रहा, यह तो ज्ञान ही बता सकता है, पर इतना मैं जानता और समझता हूँ कि टालना ज्ञान के कृतत्व का अंग नहीं है।''

फिर कुछ देर की चुप्पी के बाद उसने कहा, ''अच्छा ज्ञान! अब तुम ही बताओ।''

''हमारे विवाह से पूर्व माँ अस्वस्थ चल रही हैं, मेरा सुझाव था कि माँ थोड़ा स्वस्थ हो जायें तो यात्रा सुविधाजनक और चिन्तारहित होगी...पर आँखों देखी सच्चाई पर और मेरे कथन पर भरोसा नहीं रहा...अब जब भरोसा ही उठ गया है तो किसी बात का परिणाम फल क्या होगा?''

मैंने बहुत शान्ति के साथ अपनी बात सबके समक्ष रख दी, इतना सुनकर कोई कुछ नहीं बोला, मैं भी कुछ अनमनस अनुभव कर रहा था, मन ही मन सोच भी रहा था कि बेकुसूर नाहक जलील होने से लाभ क्या है, जो मन और मस्तिष्क सोचता है, उसे साफ और स्पष्ट रूप से कहने में कोताही नहीं की जानी चाहिए।

''डॉ. ज्ञान की बात से सहमत हैं आप...।'' पूछा चन्द्रा से दुष्यन्त की पत्नी ने, पर चन्द्रा मौन साधे रही, बोली नहीं कुछ...यह विचार कर कि मुझे बातचीत में अपने पर जबरन काबू प्राप्त करना होगा, अधिक युक्तियुक्त होगा कि उठ जाना चाहिए और इस विचार के प्रभावी होते ही मैंने सबसे और विशेष रूप से चन्द्रा की

माता जी को इंगित करते हुए कहा—''माताजी! बात स्पष्ट हो चुकी है, मेरा बर्ताव भी आपने जान समझ लिया और इनके विचार भी आपने सुन लिए, माँ आज कुछ अधिक अस्वस्थ हैं, मैं जाने की इजाज़त चाहूँगा।''

और इतना कहकर मैं उठ खड़ा हुआ, दुष्यन्त की पत्नी श्रद्धा और कमलेश्वर बैठने का भरपूर आग्रह करते रहे, परन्तु हाथ जोड़ते हुए मैं उठ खड़ा हुआ और कमरे से बाहर हो रहा।

□□□